O Caçador de Diamantes

GOVERNO DO ESTADO DE SÃO PAULO
RESPEITO PELAS PESSOAS

Governador	Geraldo Alckmin
Secretário Chefe da Casa Civil	Arnaldo Madeira

imprensaoficial

Imprensa Oficial do Estado de São Paulo

Diretor-presidente	Hubert Alquéres
Diretor Vice-presidente	Luiz Carlos Frigerio
Diretor Industrial	Teiji Tomioka
Diretor Financeiro e Administrativo	Flávio Capello
Núcleo de Projetos Institucionais	Emerson Bento Pereira
Projetos Editoriais	Vera Lucia Wey

Coleção Aplauso Cinema Brasil

Coordenador Geral	Rubens Ewald Filho
Coordenador Operacional e Pesquisa Iconográfica	Marcelo Pestana
Projeto Gráfico	
Revisão e Editoração	Carlos Cirne

Vittorio Capellaro

O Caçador de Diamantes

por Maximo Barro

imprensaoficial

São Paulo, 2004

Ficha catalográfica elaborada pela Biblioteca da Imprensa Oficial do Estado

Capellaro, Victor
O caçador de diamantes: o primeiro roteiro cinematográfico brasileiro completo/Victor Capellaro; analisado por Maximo Barro. – São Paulo: Imprensa Oficial do Estado de São Paulo, 2004.
192p. : il. - (Coleção Aplauso Cinema Brasil)

ISBN 85.7060-241-3

1. Cinema – História - Brasil 2. Cinema - Roteiros 3. Victor, Capellaro, 1877 - 4. Barro, Maximo I. Título. II. Série

CDD 791.430.981

Foi feito o depósito legal na Biblioteca Nacional (Lei nº 1.825, de 20/12/1907).

Imprensa Oficial do Estado de São Paulo

Rua da Mooca, 1921 - Mooca
03103-902 - São Paulo - SP - Brasil
Tel.: (0xx11) 6099-9800
Fax: (0xx11) 6099-9674
www.imprensaoficial.com.br
e-mail: livros@imprensaoficial.com.br
SAC 0800-123401

Apresentação

Há uma razão especial e importante para que tenha sido escolhido ***O Caçador de Diamantes*** como o primeiro roteiro editado em livro nesta nova **Coleção da Imprensa Oficial do Estado**. É que, historicamente, ele é o segundo roteiro completo (ao menos conhecido até agora) escrito para ser filmado no Brasil, sendo que o primeiro, *Ouro Branco*, editado em Manaus, agosto de 1919, não era realmente um roteiro pois, na verdade, é apenas um relato jornalístico sobre a extração do látex, cultivo e colheita da castanha e aspectos topográficos da região amazônica e mato-grossense, que havia sido registrado pela câmara do major Thomas Reis. Mesmo a autoria do material escrito esconde-se atrás do anonimato de um pseudônimo, *Um Observador*, que estaria trabalhando para a Asensi & Cia, proprietários no Gy-Paraná (Rio Madeira).

É interessante falarmos um pouco sobre a gênese de *O Caçador de Diamantes* porque ele surgiu numa época ingrata do país, pouco propícia a nascimentos cinematográficos. Em 1929, acontecera a quebra da bolsa de Nova York, ao mesmo tempo em que se afirmava o cinema sonoro e falado. No ano seguinte, ainda sob o impacto econômico da crise americana, o Brasil paralisou-se com a Revolução Getulista e, dois anos depois, com outra revolta reivindicatória, as duas tendo São Paulo por epicentro.

Serão nesses anos conturbados para o Brasil e, mais ainda, para o estado perdedor, São Paulo, que Vittorio Capellaro estará finalizando *O Caçador de Diamantes.*

Todas as informações e biografia que seguem, foram retiradas do livro *VITTÓRIO CAPELLARO, ITALIANO PIONEIRO DO CINEMA BRASILEIRO*, de autoria dos seus filhos, Jorge e Vitório Capellaro.

Biografia

Eusébio Vittorio Giovanni Battista Capellaro nasceu em Mombrano, Turim, em 1877, convivendo na infância e juventude com o sentimento nacionalista daquilo que passou para a história italiana com o nome de Rissorgimento.

Órfão desde cedo, teve sua educação orientada por um tio que, movido por sua profissão, era obrigado a uma vida de constantes deslocamentos pela Itália, França e Argélia. Além disso, a proximidade de Turim com a fronteira da França e o ativo comércio de tecidos que havia entre as duas regiões, levou o menino a uma educação mais prática que teórica, amoldando-se a lugares diferentes e adaptações contínuas, entre elas, aprender o francês antes do italiano.

Na juventude, enquanto completava sua educação formal com os salesianos, aprendeu relojoaria, o que muito contribuiria para seus futuros vôos. Era uma tradição curricular na educação da Congregação de Dom Bosco a utilização do teatro como forma de educação e cultura, e Capellaro muito se interessou por ele. Cantava bem e tinha pendores para imitação, principalmente quando o modelo era o trágico Zacconi, o maior e mais popular ator do teatro clássico italiano.

Completados os estudos, estagiou por algum tempo no teatro amador, como ator e cantor. Profissionalizando-se, em seguida, veio a ter contato em 1905, com o próprio Zacconi que, encantado com a paródia do seu estilo que o rapaz fazia, contratou-o. Serão anos de viagens e estudos informais com a companhia teatral, que o amadurecerão intelectualmente para a construção dos personagens que iria vivenciar ao longo do seu caminho artístico.

Além de requisitos físicos, Capellaro devia ser bom ator, senão jamais poderia ter conquistado, em 1907, o ambicionado posto de segundo papel masculino. na companhia da maior intér-

Capellaro em um filme italiano

prete trágica do teatro italiano, Eleonora Duse. Com ela viajou pela primeira ao Brasil, encenando, entre outros, Ibsen e Alexandre Dumas Filho.

Na volta, percorreram praticamente toda a Europa, inclusive a Rússia. Em 1912, transferindo-se para a Companhia de Tina de Lorenzo, visitou novamente o Brasil. Apesar de já ter começado a Grande Guerra de 1914-18, ele continuou trabalhando no palco e estreou no cinema, como parceiro de outra decantada atriz do cinema italiano, Francesca Bertini (mais Alberto Collo, Ângelo Galina e outros luminares).

Em 1915 outro renomado intérprete de teatro e cinema, Alberto Capozzi, o contratou percorrendo, pela terceira vez, a América do Sul. Desta vez, porém, terminada a turnê americana, decidiu não retornar à Europa, fixando-se no Brasil para distanciar-se da Guerra que tanto detestava, e por ter-se relacionado com ativos grupos teatrais e operísticos amadores paulistas – os filodramáticos - da enorme colônia italiana que aqui existia.

Chegada a Santos a bordo do Tomaso di Savoia, 1915

Em contato com o pioneiro do cinema paulista Antonio Campos, realizou a adaptação de *Inocência*, baseado no livro do Visconde de Taunay. Indiscutivelmente, Capellaro seria, nesse momento, um dos raríssimos praticantes de cinema no Brasil que tivera contato com cinematografias mais adiantadas, podendo transmitir conhecimentos sólidos de como deveria transcorrer uma filmagem corretamente profissionalizada e nunca no amadorismo primário e capenga que imperou nos ciclos de Recife, Cataguases, Pelotas, Campo Grande, Campinas, e mesmo cidades cosmopolitas como São Paulo e Rio. Nessa primeira incursão pela literatura nacional, ele dirigiu e interpretou o principal papel masculino, ficando os filo-dramáticos do *Doppo Lavoro* e *Muse Italiche* com os demais personagens, e Antonio Campos com a fotografia e laboratório.

A próxima realização é mais empenhada, *O Guarany*, de 1916; ele dirigiu e também (incrivelmente) interpretou o índio Pery. Havia total disparidade de biotipo entre o nortista italiano e o silvícola do romance, mas isso não impediu que o filme tivesse um grande sucesso de público, o que lhe facilitou a captação de meios para as próximas produções. Enquanto isso, talvez para fazer capital de giro, produziu dois documentários, um abordando o problema do café e outro sobre o Instituto Butantã.

Percebendo que o maciço da produção brasileira estava concentrado no Rio de Janeiro, para lá se deslocou, associando-se ao grande técnico italiano, Paolo Benedetti, para a produção de *O Cruzeiro do Sul.*

Benedetti exemplificava o lado oposto da formação técnica que Capellaro recebera na superestratificada produção italiana. A exemplo da maioria absoluta dos técnicos que trabalhava no Brasil, ele fizera de tudo um pouco, errando para aprender, porque os que porventura ensinavam, nada sabiam. Fora projecionista e gerente de cinema, fotógrafo e laboratorista. Uma predisposição incomum superava todos os empecilhos da aprendizagem. E se tornou o técnico mais conceituado que tivemos no período mudo: experimentador, inventor de sistemas sonoros e coloridos e o primeiro a tentar a co-produção.

Tardiamente, em 1917, Capellaro será convocado para a guerra. Apesar de pacifista, ele retornou à pátria e vestiu farda. Por causa da idade, nesse momento 40 anos, é designado para atuar na retaguarda, levantando dinheiro para o esforço bélico, ocupando-se, principalmente, da distribuição de filmes.

Acabado o conflito, casou-se com a poliglota Giorgina Nodari, professora de literatura e com ela, retorna ao Brasil, vendendo, inicialmente, produções italianas no Brasil, o que permitiu-lhe conhecer além do Sul, Norte e Nordeste. Posteriormente retornaria à produção nacional.

No exército, 1917

Com a esposa, Giorgina, 1921

Em 1919, no Rio, será a vez de *Iracema*, de José de Alencar e, depois, *O Garimpeiro*, de Bernardo Guimarães, sempre com o apoio de fotografia e laboratório de Benedetti.

Como os meios cinematográficos paulistas haviam-se tornados mais promissores que os cariocas, Capellaro voltou em 1924 para São Paulo, montando até mesmo um laboratório. Assim, ganhava independência, fazendo trabalhos gerais para as empresas americanas e italianas, como letreiros e trucagens.

Em 1926, em co-produção com a Paramount, para quem fazia alguns destes trabalhos de laboratório, produziu, dirigiu e interpretou, pela segunda vez, *O Guarany*, recebendo a reconstituição da época seiscentista o carinho especial que os italianos devotavam a esse gênero no cinema. O sucesso de crítica e público é compensador. Consta que em muitos municípios, distantes dos grandes centros, o filme foi apresentado como produção americana.

O Garimpeiro, 1919

Desprendido das coisas materiais, Capellaro empregou o lucro obtido nas bilheterias na melhoria do seu estúdio, que ganhou uma pavimentação sofisticada, só encontrada em paises de alta gabarito cinematográfico. Equipamento de luz, câmaras e cenografia são de alta qualidade; possivelmente, o melhor e mais bem-equipado estúdio brasileiro antes da fundação da Cinédia. Os fartos elogios que obteve com a qualidade fotográfica, cenográfica e direção de arte de Caçador, deveram-se aos espaços funcionais do estúdio que estruturara, e da maquinaria importada.

As duas revoluções centralizadas em São Paulo, mais a hecatombe representada pela queda do valor do dólar na bolsa americana e a chegada do som, desorganizarão seus planos. Os documentários não serão suficientes para sanar os rombos orçamentários provocados pela desvalorização dos mil-réis e a retração que o comércio cinematográfico sofreu em todo o mundo. Mesmo assim, faz pesquisas históricas para futuros roteiros abordando a vida da *Marquesa de Santos, As Minas do Rei Salomão* e *O Caçador de Esmeraldas* que fracassam, ora por embaraçar-se com as controvérsias que os historiadores nacionais apresentavam, ora pelo alto preço cobrado por direitos autorais. Ele então optou por um tema livre, abordando o bandeirismo.

A paternidade do roteiro de *O Caçador de Diamantes,* segundo a memória e pesquisas de Jorge Capellaro, deve-se ao seu pai e a Niraldo Ambra, que colaborava freqüentemente com Capellaro, dadas as ligações que mantinham com a produtora Paramount e, também cremos, por afinidades no campo intelectual.

Para maior compreensão de todos os questionamentos e melindres que levantamos é importante mencionar que, durante anos, este roteiro esteve nas mãos de Adalberto Kemeny, um dos fotógrafos e laboratorista da produção que, mais de 30 anos depois, o presenteou a Jurandir Noronha, quando este dirigia para a Embrafilme, o documentário de longa-metra-gem *Panorama do Cinema Brasileiro* (realizado entre 1967-8), no qual *O Caçador* participava com a seqüência da taberna. Jurandir, por sua vez, tempos depois, enviou uma cópia xero-grafada a Jorge Capellaro. A presente edição apóia-se nesse documento.

É importante ressaltar as preferências do italiano Capellaro. Das nove produções que participou como diretor ou produtor-diretor, cinco estão baseadas em clássicos da nossa literatura, sendo que dois deles, *O Guarany* e *Iracema*, os refilmou. *O Caçador*, como veremos, continha material histórico misturado à ficção. Seu último longa-metragem, *Fazendo Fita*, de 1935, era uma comédia paródica sobre dois produtores do cinema brasileiro empregando todos os métodos na tentativa de realizar um filme: era, portanto, metalinguagem autobiográfica. Essa postura de nacionalismo brasileiro do italiano contrasta com a dos nativos daquele momento - Luis de Barros à frente - que preferiam a temática francesa.

Nas filmagens d'O Caçador, de chapéu, no Parque Jabaquara

O Texto

As páginas datilografadas que constituem atualmente, o roteiro de *O Caçador de Diamantes,* levantaram sérias celeumas entre os estudiosos quanto à sua verdadeira utilização. Tanto poderia ser creditada como um trabalho escrito previamente para orientação das filmagens, como é obrigatório no cinema internacional, mas pouquíssimas vezes no Brasil. Ou, também, como muitos chegaram a interpretar, como material que a distribuidora oferecia aos donos de cinemas, para efeito de propaganda.

Pessoalmente, não cremos na hipótese de que este roteiro servisse como veiculo propagandístico do filme, porque é sabido por todos os pesquisadores de cinema no Brasil que nem mesmo os filmes estrangeiros, quando eram distribuídos aqui, vinham acompanhados deste material e, inclusive na Europa ou América, jamais tivemos notícia deste método. Sínteses de poucas linhas era o usual. No caso específico de filmes brasileiros, estes métodos estariam fora de cogitação, porque a penúria das nossas produções muitas vezes obrigava o produtor a um lançamento sem qualquer apoio de propaganda, inclusive cartazes. Muitas vezes, localizar uma produção nacional em jornais, caso elas tenham sido realizadas entre 1920 e o fim de 1940, é trabalho de detetive.

Nossa posição é de a que o roteiro seja anterior às filmagens, construído para orientar a produção, baseando-nos na confrontação que realizamos entre o roteiro e a cópia restaurada. O roteiro apresenta 20% de tomadas que não constam no filme e, por vezes, há inversão na ordem das tomadas montadas, em relação ao roteiro.

Deve-se também levar em consideração que sobre a cópia do roteiro há sinais a lápis, indicativos das tomadas já filmadas. Além disso, às vezes, tomadas como as de números 203, 206, 353, 360, 462 e 463 foram inteiramente riscadas no roteiro, não aparecendo no filme, sinal de que, no momento das filmagens, foram desprezadas por motivos estéticos ou de economia. Contrariamente, entre as tomada 241 e 242 do roteiro, foram acrescidas outras duas tomadas, numeradas como 4A e 5A.

Os diálogos existentes no roteiro foram transcritos in totum, quase sem cortes, inclusive com as costumeiras inversões gramaticais, muito comuns em todos os textos.

Não cremos que obteremos algum dia maiores informações sobre a gênese do roteiro, porque um dos autores do roteiro, Niraldo Ambra, crítico do jornal *Folha de São Paulo*, dirigente da Paramount e distribuidor, faleceu sem deixar maiores informações (apesar de ter sido entrevistado, nos anos 80, por Luis Felipe Miranda e Jorge Capellaro).

Como muito bem vem exemplificada na sua biografia, Capellaro optou por recolher material de várias fontes, que propiciassem a grandiloqüência que um tema épico e histórico exigiam.

Com os filhos em frente à sua casa/estúdio

Segundo os Capellaro, as fontes buscadas seriam *As Minas do Rei Salomão*, traduzido por Eça de Queiros, além de *Em Plena Floresta*, de Araújo Aguire, mais o grande sucesso da Metro, *Trader Horn* (Idem, 1931, de W. S. Van Dyke).

Capellaro e Niraldo Ambra costuraram o que podia servir-lhes destas três fontes mais, logicamente, o cerne principal que norteava os propósitos de Capellaro. Percebe-se também, sem muito enfronhar-se em questões autorais, a influência dos escritos românticos e ultranacionalistas de José de Alencar, que fascinavam o espírito do italiano que, como já levantamos, vivera e fora educado em momento paralelo da história, quando o espírito do povo italiano, recém-unificado, clamava por auto-afirmação perante os altos feitos pátrios. Esteticamente, não podemos deixar de lembrar que Capellaro fora educado na vivência de um estilo teatral e operístico dos Bertinis, Tinas, Capozzis, Zacconis, que vagava entre Verdi e D´Annunzio. Os *capolavoro* cinematográficos, transitando de Julio César a Garibaldi, onde imperavam

Quaranta, Carmi, Novelli, Borelli, Tarlarini, Bonard e tantos outros. O problema é que a pobreza franciscana do cinema brasileiro não permitia, nem longinquamente, nada que se assemelhasse a *Cabiria*, *Os Últimos Dias de Pompéia* e, nem mesmo, *A Dama das Camélias.* As expectativas de Capellaro, portanto, viajavam sempre na contra-mão do que praticávamos.

As pouquíssimas vezes em que havíamos transportado *Pedro I*, *Paraguay* e bandidos históricos para a tela, devíamos também aos italianos Lambertini e Andaló. Ironicamente, na mesma época que Capellaro está elaborando o roteiro e a produção de *Caçador*, Libero Luxardo e Alexandre Wulfes estão realizando na área do Mato Grosso *Alma do Brasil*, nome com o qual eles rebatizaram *A Retirada da Laguna* e, sabe-se lá, se o filme chegou a influenciá-lo em algum quesito.

No mesmo patamar, ainda poderíamos indagar quais os filmes brasileiros que poderiam ter-lhe servido de rota? Poucos, tanto em número quanto em representatividade. *A Escrava Isaura*, de Antonio M. Costa, lançado em outubro de 1929. *Iracema,* de Jorge S. Konchim, em junho de 1931 e, com toda certeza, *Anchieta, Entre o Amor e a Religião,* 1931, de Arturo Carrari, onde ele deve ter visto Irene Rudner interpretando uma índia.

Simultaneamente a Capellaro, a Cinédia e Humberto Mauro produzem sua obra-prima repudiada, *Ganga Bruta*. Somente três anos depois de *O Caçador* é que Humberto Mauro, com amplos orçamentos fornecidos pelo Instituto Nacional do Cacau, realizará *O Descobrimento do Brasil*, empregando todos os recursos tecnológicos da época: maquetes, animação, caravelas, mas que, infelizmente, resultará num "historicão" próximo a Cecil B. de Mille, que Mauro tanto admirava.

O mineiro teria assistido o filme do italiano? Lógico. De lá ele retiraria a seqüência onde o almirantado português cobre cristianissimamente, com cobertores, os bugres que visitavam o navio, e que servirá supinamente à então ácida pena de Graciliano Ramos, crítico de cinema.

A fonte é bem clara e bastante próxima. No roteiro, ela encontra-se na Scena 31, Quadro 328, quando o índio Imbú retira o cobertor dos bandeiristas João e Pedro, a quem estão reservados os momentos cômicos do filme, e cobre a índia que encontraram.

Com os filhos, na Al. Santos 112, quase esquina com a Rua Pamplona

O Roteiro

Numa época onde nem mesmo no cinema americano e europeu, havia uma nomenclatura estratificada para as diversas posições de câmara e referencial para qual a situação que os intérpretes teriam no fotograma, indicações como Close Up, Plano Médio, Plano Geral e outros usados hoje, começaram no cinema sonoro, quando o orçamento dos filmes duplicou o custo da produção e tudo precisava estar bem planificado.

José Medina seria exceção, pois se dermos crédito ao depoimento que nos concedeu, ele não só chegava a minudências no roteiro, como desenhava ao lado o enquadramento descrito.

Capellaro e Niambra dividem o roteiro em SCENAS e QUADROS. Por Scenas devemos entender o que hoje classificamos como SEQÜÊNCIAS, isto é, um conjunto de planos que mais tarde formarão a montagem. QUADROS, hoje levam a classificação de TOMADAS, isto é, a menor parte do filme. Normalmente, um filme moderno, americano de 100 minutos, conterá de 600 a 700 tomadas.

O roteiro agora editado, contem 44 Scenas e 440 Quadros, média de 10 tomadas por seqüência.

Os autores do roteiro aplicam, para exemplificação das tomadas, signos que hoje poderiam ser interpretados de variados modos, ou até de nenhum, como: P.i. - M.b. ou M.B. - 1° p. De todos os sinais, apenas 1° p. não deixa dúvida que refere-se ao atual Primeiríssimo Plano ou, mais acertadamente, ao Detalhe, porque na tela a correspondência é de uma tabuleta, um pedaço de mão, uma perna ou um objeto. Os demais não apresentam a mesma facilidade interpretativa. P.i. poderia ser Plano Inteiro, correspondendo ao atual Plano Geral ou Plano de Conjunto mas, na tela, às vezes ele é um Plano Americano ou um mais fechado. M.b., as vezes grafado M.B., tanto poderia ser erro de datilografia – e nisso o trabalho pecaria criminosamente, não fosse ele confeccionado para uso próprio - como possui interpretações subjetivas, com as quais não atinamos com o verdadeiro significado. Câmera baixa é indicada explicitamente. O movimento da câmera sobre o eixo do tripé, atualmente identificado como Panorâmica – direita, esquerda, para cima ou para baixo - no roteiro aparece como Panorama. O movimento da câmera sobre um veículo, grua, automóvel ou carrinho, atualmente chamado de Traveling, também é classificado como Panorama.

Tudo indica que n' *O Caçador de Diamantes,* seria a primeira vez que Capellaro servia-se de um roteiro, pois seus biógrafos principais, seus filhos, não recordam-se de ver o pai anteriormente apoiando-se num meio tão preciso. Ele nada deixou nos seus guardados que provasse o inverso.

Há, pelo contrário, referências de 1916 sobre anotações que ele fazia diretamente nas páginas de *O Guarany*, em tradução francesa.

Os cuidados com a novidade do roteiro elaborado, temos certeza, devem-se ao momento delicadíssimo que o Brasil atravessava.

Em 1930, teríamos a revolução de Vargas que poria fim à República Velha. São Paulo tornou-se o oponente de Vargas, sofrendo as conseqüências dos perdedores, a principal delas sendo o fim do Partido Republicano Paulista - PRP - que por quatro décadas exercera fundamental importância na vida brasileira, para o bem e para o mal.

Quinze meses depois, em 1932, outra revolta articulada pela burguesia da cafeicultura paulista, em nome da Constituição, levantou em armas parte do Brasil. E novamente os paulistas serão perdedores.

Capellaro amargará, como conseqüência, longo período de pausa. Quando os ânimos pareciam estar aquietados com a promessa de nova constituinte, a crise da bolsa americana, que derrubaria a economia de tantos países, acrescida do problema cafeeiro, conduziria o Brasil à terceira bancarrota, em 1933.

Simultaneamente ao desastre americano de 1929, o cinema finalmente optaria pelo sistema sonoro, primeiro com o Vitafone, ou sonorização através da sincronização em discos e, logo depois com o Movietone ou o som encastrado na própria película.

O Caçador de Diamantes será gestado em meio a toda essa turbulência.

Aquilo que, em dramaturgia cinematográfica vem classificada como APRESENTAÇÃO, o momento em que os que os construtores da trama nos indicam a época, o local, os personagens principais e, possivelmente, até indícios do conteúdo, no *Caçador* é mostrado a partir da Scena 1, que contêm 20 quadros. Nela ficamos sabendo que veremos um drama ambientado em São Paulo, por volta do século XVII, período bandeirista.

Nos primeiros momentos veremos escravos retirando água de uma fonte e sendo chiba-tados. O primeiro personagem a ser apresentado será D. Fernando, jovem voluntarioso que, por defender um escravo açoitado, será obrigado a bater-se com três esbirros. Junto com D. Fernando também são apresentados João e Pedro, amigos do jovem que se encarregarão dos momentos cômicos do filme. Conduzida numa cadeirinha, surge a primeira personagem feminina, D. Maria, jovem e influente personalidade no local. Vendo luta tão desigual, três contra um, ela pede a interseção de seu acompanhante, D. Luiz. Ele paralisa o duelo, convidando o jovem a incorporar-se à sua bandeira, que sairá à procura de pedras preciosas e ouro. A moça demonstra preferências por D. Fernando, apesar de ser prometida a D. Luiz.

Percebe-se que as 20 tomadas sintetizaram a estrutura de vários personagens e incidentes que serão logo mais aprofundados e confrontados.

A primeira e segunda Scenas do roteiro deveriam ser ligadas através de uma Fusão, mas, no filme, esta trucagem será substituída por um Escurecimento / Clareamento.

A Scena 2 conterá 13 quadros e também pertencerá ao grupo da APRESENTAÇÃO. Nela surgirá o personagem Mestre Garro e sua forjaria. Ele não é familiar de D. Fernando, mas porta-se como tal. Mais velho é uma espécie de mentor e guarda-costas. Será o mensageiro que tornará D. Fernando senhor do mapa com as informações do roteiro dos diamantes, ou seja, a ambição, uma das molas principais do argumento. A outra será o amor, materializado pela disputa pela mão de Maria.

A partir da Scena 3, começará o DESENVOLVIMENTO da trama, apesar de que durante ele depararmos com novos personagens: D. Barros, pai de Maria e o pai de D. Luiz combinam a união do casal, que será confirmada logo depois, para grande alegria do rapaz.

Simultaneamente, há um encontro entre D. Fernando e D. Maria, quando ele pedirá para que ela seja sua madrinha na benção das espadas, contrabalançando e contrapondo-se à Scena 3, que tipificará todo restante do roteiro do *Caçador.*

Pelo engendrado até aqui é possível destacar os variados cruzamentos que a trama de Capellaro-Quadros, tem com *O Guarany*. Ceci tem dois pretendentes, mas o pai já a prometera a um deles. Os dois pretendentes guardam enorme cavalherismo entre si.

A Scena 6, localizada numa taberna, se por um lado aprofundará as personalidades cômicas de João e Pedro, por outro apresentará D. Ruy, personagem que carrega características malignas tão intensas quanto as normalmente incorporadas aos barítonos na ópera italiana. A ambição o tornará nefasto a D. Fernando, D. Luiz, à bandeira, aos amigos.

Nesta seqüência fica clara a influência da ópera

de Carlos Gomes sobre Capellaro. Ela tem íntima relação com a 2º Quadro do 2º Ato quando, no alojamento do Castelo o caráter facínora de Loredano é desvendado, na cavatina *Senza Tetto, Senza Nulla.*

Os choques da trama continuarão quando, dias depois, durante a benção das espadas, D. Maria se confrontará com os dois pretendentes, D. Fernando e D. Luiz, obrigando-a o pai a aceitar D. Luiz. O incidente excluirá D. Fernando da Bandeira, mas não da aventura.

Outra vez os roteiristas empregarão o contraste. Durante um jantar, o pai de Maria a induz a aceitar D. Luiz, rico e de renome, em detrimento do pobretão D. Fernando. Simultaneamente, Mestre Garro antecipa a entrega do mapa a D. Fernando.

Sorrateiramente, D. Fernando entra no quarto de D. Maria. A seqüência amorosa é contrabalanceada pela espionagem de D. Ruy, que delata o encontro ao pai de D. Maria.

Em conseqüência, ao sair da casa, D. Fernando é atacado por três guardas de D. Barros. Surge inesperadamente Imbú que, com um tacape, desacorda os atacantes, salvando o rapaz. Inquerido do porque de ter-lhe salvo a vida, Imbú dirá que está devolvendo a intervenção do rapaz, quando o salvou das chibatadas do feitor, na fonte.

A violação da casa de D. Barros tornará D. Fernando um pária, perseguido por todos. Mestre Garro o protegerá e proporcionará um barco onde possa fugir. Por algum tempo a trama se desenvolverá por terra, na bandeira aparatosa de D. Luiz, e pelo rio, na canoa que conduz D. Fernando, João, Pedro e Imbú, o índio que os roteiristas, inacreditavelmente, insistem em adjetivar como *negro*.

A Scena ou seqüência 20 corresponderá a várias metades. Será a metade do tempo de filme. Metade do número de seqüências do roteiro. Fim das cenas da cidade e começo da mata virgem.

Mais adiante, enquanto a perversidade de D. Ruy arma uma cilada dizimando grande parte da bandeira, João e Pedro deparam com uma índia, que será para Imbú o contraponto de D. Maria para D. Fernando, além de indicar, futuramente, o local dos diamantes.

A partir da entrada da bandeira, uma ampulheta metaforizará a passagem de tempo. Não entendemos porque Capellaro apoiou-se em simbologia tão canhestra, usada desde o início do período mudo e que poderia ser perfeitamente dispensada porque a todos seria compreensível o transcurso do espaço-tempo cinematográfico. Ela voltará a interferir na trama várias vezes.

A Scena 31 apresentará um diálogo com maneirismos encontrados tanto nos romances indigenistas de Alencar, como nos filmes americanos. Indagado pelo enfeitiçado D. Fernando o que é o amor, o negro e inculto Imbú, responderá como tenor de ópera: É a folha que canta ao vento... É a onda que beija a praia... É a estrela que brilha no escuro do céu... Uma mulher...

Na seqüência 37 haverá o encontro, na selva, entre D. Fernando e D. Luiz que resultará num duelo logo interrompido porque chegará semimorto um membro da expedição, informando que D. Ruy armou uma cilada, fazendo com que os indígenas massacrassem os bandeirantes. Os jovens unem-se, continuando juntos a jornada.

A scena 38 será a transição do DESENVOLVIMENTO para o CLIMAX. Os autores desencadearam vários incidentes de forma contínua, para manter a ação em perene dramaticidade. Um ataque dos índios, à noite, praticamente dizima a bandeira, inclusive João. Prisão e justiciamento de D. Ruy. Tramóias de Imbú para salvar o grupo de brancos. A índia desvenda-lhes o local das pedras, morrendo pouco depois. Cavalheirescamente, D. Luis escreve uma carta despedindo-se de todos e desejando a felicidade a D. Fernando e D. Maria.

D. Fernando e Imbú retornam. No roteiro a indicação é de que ofarão por terra. No filme ela concretiza-se pelo rio, num barco, tornando-o ainda mais próximo do final tanto do romance quanto da ópera.

Quase todas as seqüências, no roteiro, indicam uma Fusão como meio técnico para a transição espacial e temporal. No filme, elas foram modificadas para Escurecimento / Clareamento.

Por vezes, a Fusão é usada para ligar tomadas dentro da própria seqüência, inteiramente em desuso, hoje em dia.

O tom aventuresco do filme, que muitos podem tomar como antiquado, é normal em narrativas deste estilo, e ainda hoje, a TV Globo a utiliza nas mini-séries, em especial em *A Muralha*.

Ficha Técnica

Vittorio Capellaro Produções Cinematográficas

Produção e direção

Vittorio Capellaro

Argumento e roteiro

Vittorio Capellaro e Niraldo Ambra

Fotografia

Adalberto Kemeny e Rodolfo Lustig

Cenografia

Adolfo Fonzari

Roupas e adereços

Casa Teatral Temaghi

Sonorização

Primeira gravação: Dux-Recorde

Segunda gravação: Byington&Cia

Montagem

Gilberto Rossi, Kemeny e Lustig

Música

Gaó (Odmar Amaral Gurgel)

Laboratório

Rossi-Rex Films

Distribuição

Paramount Pictures

Elenco

Corita Cunha, Sergio Montemor, Francisco Scolamieri, Reginal Calmon, Nobre Jocoso, Elmo Claifontes, Irene Rudner, Rubens Rocca, Luigi Goffi, De Carlos, Benevenuto Capellaro.

Interiores

Estúdio Vittorio Capellaro - Al. Santos 112

Preto e Branco / 35 mm / 85 minutos

Cópia restaurada pela Cinemateca Brasileira, com apoio da BR Distribuidora, foi apresentada no Cine Odeon, Rio de Janeiro, a 26 de Julho de 2001, com a presença da atriz Corita Cunha, naquele momento com 85 anos, única da equipe ainda viva.

Nota: A reprodução a seguir respeitou fielmente a ortografia do original, escrito em 1934.

Uma epopéa das bandeiras do fim do Seculo XVII

O Caçador de Diamantes

1934

Produtor: Victor Capellaro

Elenco:

D. Fernando	Sergio Montemór
Maria	Corita Cunha
D. Luiz	Francesco Scolamiéri
Imbú	Reginaldo Calmon
Botujú	Irene Rudner
José (sic João)	Nobre Jocoso
Pedro	Elmo Clairfontes (sic)
Ruy	Rubens Rocca
Mestre Garro	Luiz Goffi
D. Antonio	De Carlos

Fotografia	Kemeny e Lustig
Diretor	Victor Capellaro

Enredo

São Paulo no seculo XVII no tempo em que ousadas expedições varavam os nossos sertões, á caça de ouro. A arrancada das "bandeiras" no ano de 1656, no "hinterland" a dentro, vencendo a floresta, o indio, as feras, a traição e a perfidia – para trazer im punhado de ouro na mão e na alma um sonho de conquista... ou desillusão de uma derrota...

No chafariz, ao tempo existente no Largo da Matriz, o joven fidalgo – D. Fernando – movido por compaixão intervem em favor de um pobre escravo indio – Imbú – pertencente a D. Antonio de Barros, a quem um "capitão do matto" está maltratando cruelmente. Em meio a refrega, chega outro fidalgo – D. Luiz – que se prepara para partir para o sertão á frente de sua "bandeira" e convida D. Fernando a juntar-se aos seus na expedição. Sangue de genuino "bandeirante" que também possui D. Fernando, este aceita o convite.

Na sua officina, o velho armeiro Mestre Garro acaba de preparar a espada que nesse dia offerecerá a seu grande amigo, D. Fernando, em commemoração ao seu vigesimo anniversario. E emquanto D. Fernando está num idylio com a sua amada, a excantadora Maria, que não é outra senão a linda filha do fidalgo proprietario do escravo que elle alvou da perversidade do capataz, o velho armeiro retira de um bahu um roteiro que o pae de Fernando deixou em suas mãos para ser entregue ao herdeiro de seu nome quando elle completasse vinte e um annos. Entrementes, os paes de Maria ajustaram o casamento de sua filha com D. Luiz e o communicaram á menina, que se entristece com a noticia, sabendo que não poderá desposar o homem que o seu coração ama.

Num encontro anterior, D. Fernando havia pedido á Maria para que ella fosse a sua madrinha na cerimonia de benção das espadas que se vae celebrar antes da partida dos "bandeirantes". E Maria beijando-o, promettera baptisal-o e tambem que o esperaria de volta da expedição, da qual pretendia voltar rico o que lhe permittiria pedil-a em casamento ao pae.

Ao mesmo tempo, D. Fernando salva a vida de seu rival, uma noite, na taverna do Gallo, na occasião em que D. Luiz ia sendo victima da vingança de um bandoleiro – D. Ruy – que pretendia liquidar D. Luiz.

Chega o momento da benção das espadas dos "bandeirantes" e o pae de Maria oppõe-se a que ella cumpra a sua promessa a D. Fernando, exigindo-lhe que seja a madrinha de D. Luiz, que é seu noivo, com grande desapontamento dos dois jovens namorados.

De volta a casa, D. Antonio fez vêr a sua filha que ella tem que esquecer D. Fernando, um pauperrimo e casar com D. Luiz, uq é o único que lhe poderá fazer a felicidade. E Maria, que não ama D. Luiz, vê-se obrigada a acceital-o como noivo.

Voltando a casa do Mestre Garro, D. Fernando recebe do armeiroo roteiro que seu pae deixou para elle, poe isto que Mestre Garro antecipa um anno a promessa feita ao seu fallecido amigo. Mestre Garro justifica essa antecipação dizendo que D. Fernando necessita encontrar a fortuna o quanto antes para poder desposar Maria, uma vez que D. Antonio o achara indigno de casar com a filha, por ser pobre. E Mestre Garro dando o roteiro a D. Fernando diz-lhe que tal documento o guiará á Ilha dos Diamantes e o tronará riquissimo, com uma fortuna ainda maior que aquella que o sei rival possue.

Mestre Garro tambem aconselha ao seu joven amigo desligar-se da “bandeira” de D. Luiz e organisar sua propria expedição, o que D. Fernando resolve fazer. A fortuna assim acena, inesperadamente, a D. Fernando. Guiado pela orientação de Mestre Garro, D. Fernando traça o plano que deverá seguir, buscando esconderijo na encruzilhada do rio, contra a gente de D. Antonio que o persegue.

Ao amanhecer, João e Pedro, velhos amigos de D. Fernando, vêm juntar-se a elle, assim como

Imbú, o escravo que elle salvou da sanha do "capitão do matto" e a pequena "bandeira" de quatro homens apenas, partirá com destino á região indicada no mappa deixado por seu pae.

Mas antes de partir, D. Fernando vae despedir-se de Maria, sendo quase victima de uma cilada de Ruy que não o esqueçera. Imbú, porém o salva. E Maria o enche de esperança e coragem. Também D. Luiz vae despedir-se de Maria mas esta o recebe friamente, impassivel, sem a menor palavra de estimulo.

No dia seguinte, João e Pedro recolhem a bordo de sua canôa D. Fernando e Imbú e em breve eil-os chegando ao ponto de desembarque.

Enquanto isso, quasi simultaneamente, em meio de grandes festas, partem da cidade os "bandeirantes" de D. Luiz. Os primeiros mezes de viagem são para estes, como para D. Fernando, cheios de imprevistos, perigos e privações, que elles vencem galhardamente. Não corresse nas suas veias o sangue brasileiro, heroico, audaz, destemido, capaz de enfrentar toda a sorte de adversidades!

O encontro de uma india – Botujú – pelos companheiros de D. Fernando, indica claramente a Imbú que não fica longe a zona habitada pelos homens de sua tribu, mas novos mezes se passam sem um clarão de esperança, até que certa noite refere Botujú que, no momento de ser encontrada, estava de viagem para o poente, onde haviam sido avistados homens brancos. D. Fernando então resolve seguir nesta direcção, confiante de que se lhe depare ali a fortuna a cujaconquista veio ao sertão.

Dias passados, D. Luiz julga também ter encontrado a fortuna quando aprisiona dois indios, em cujos collares brilham o ouro e as pedras preciosas. Mas os prisioneiros nenhuma informação lhe fornecem que o possa guiar, e elle então vale-se de um estratagema para lhes fazer acreditar que é o Rei do Fogo, prompto a destruir-lhes as aldeias, se não o favorecerem com as indicações que precisa.

D. Ruy, que não cessou de odiar a D. Luiz, vê a situação e resolve aproveital-a para se vingar. Obtido por um cumplice uma pepita, elle convence ao fidalgo da proximidade do ouro, e logo é despachada uma expedição que, sob as indicações do bandoleiro, se dirige ao acampamento dos indios, prevenidos dos propositos de D. Luiz, a direcção do poente, vem a encontrar-se com a gente deste. Quando os dois rivaes se defrontam, D. Luiz julga que D. Fernando ali veiu para liquidar as velhas contas. Depressa as laminas fendem o ar, num combate singular que teria tragico epilogo se não fora interrompel-o um mensageiro que chega a esvair-se em sangue, com a noticia de que, por traição de D. Ruy, toda a expedição foi dizimada e que os indios não tardam a chegar para atacar os que restam. Nobre como sempre fôra, D. Fernando resolve incorporar-se á gente de D. Luiz, para a defesa comum.

A resistencia porém será inutil, o proprio Imbú aconselha a rendição.

Os brancos são levados á presença dos chefes indios, que os condenam á morte, mas por meio de um habil estratagema, Imbú consegue subtrahir os dois fidalgosá sorte que os esperava, muito embora para isso tenha que consentir no sacrificio de D. Ruy, assim justamente castigado de sua perfidia.

Livres, graças ao escravo Imbú, que ainda dá ao seu protector a sua desejada fortuna, os dois jovens terão agora que decidir por si proprios, o seu destino. E Luiz resolve deixar que Maria seja feliz com Fernando. Elle porém, em cuja alma não esfriou o espirito da aventura, seguirá avante, sempre avante, cumprindo sua obra de civilização, ao encontro da gloria ou, pelo menos, de uma morte gloriosa...

FIM

As Figuras

D. Fernando

D. Luiz

D. Maria

Imbú

João

Pedro

D. Ruy

Uma india

O CAÇADOR DE DIAMANTES

SCENA 1 No Largo da Matriz

Quadro 1 — 1°p. — Taboleta com o pergaminho real, pregada ao alto da fonte. Panorama: A machina desce, mostra a bica, de onde jorra em fio a agua crystalina; duas mãos negras seguram uma grande bilha escura e brilhante. A bilha enche até transbordar; as duas mãos a retiram. Outras duas mãos negras segurando outra bilha escura e brilhante vem succeder á primeira.

Quadro 2 — P.i. — Um grupo de negros suados, sob o olhar duro do feitor que balança ameaçadoramento o relho, recolhe a agua em bilhas de barro, escuras e brilhantes, que vão passando de mão em mão (passam, ao fundo cadeirinhas conduzidas por negros apressados; cavalleiros passeiam, ao passo elegante de cavallos nervosos).

Quadro 3 — M.b. — Um negro, espadaúdo e forte (Imbú), passa ao companheiro uma das bilhas. A segunda, escorrega-lhe das mãos.

Quadro 4	1°p.	Bilha cahindo ao chão, espatifando-se. Imbú curva-se submisso sobre os cacos, olhando de revés para o feitor.
Quadro 5	P.i.	O feitor, de cenho carregado, agita o relho rosnando uma praga. Approxima-se de Imbú, empurra-o brutalmente com o pé e levanta o relho.
Quadro 6	M.B.	D. Fernando, montado, passeia ao passo do animal. A sua vista, correndo despreocupada pelo Largo, firma-se no quadro anterior.
Quadro 7	P.i.	O feitor, irado, açoita o escravo, que acceita o castigo, impassivel. D. Fernando apparece, estaca subito o cavallo, desce num pulo e, segurando a mão do feitor, arranca-lhe o relho, que joga ao chão. O feitor encara-o com odio, faz um signal a tres homens, que se approximam do moço, de espadas desembainhadas, investindo contra elle.
Quadro 8	M.b.	D. Fernando sorri, desembainha com agilidade a sua espada, defendendo-se com segurança.

Quadro 9	P.i.	Cadeirinha consuzindo D. Maria. Carregada por negro retintos. A seu lado, um esbelto cavalleiro, D. Luiz, a acompanha. Dois transeuntes param e apontam para o logar da luta. A cadeirinha pára. A moça abre a cortina, fala a D. Luiz. Este esporeia o animal, e avança. D. Maria o segue com a vista, fixando seu olhar no quadro anterior.
Quadro 10	M.b.	D. Fernando defendo-se dos golpes que os tres esbirros, furiosamente, lhes lançam. O moço sorri sempre.
Quadro 11	M.b.	A moça chama um dos negros, que se aproxima respeitoso. A moça fala-lhe. O negro olha para onde se desenvolve o duello, volta-se para a moça, e responde:
	1-	Num é nada não, Sinhá D. Maria! É sinhô D. Fernando que está se adivertindo!
Quadro 12	1ºp.	D. Maria olha anciosa para o duello.
Quadro 13	P.i.	D. Luiz chega ao logar da luta. Ao vel-o, o feitor descobre-se, e

os tres esbirros, parando o combate, affastam-se, curvados, em cumprimento. D. Fernando cumprimenta-o com a espada; D. Luiz olha-o, entre severo e benevolente, e fala:

2- Esperdiçaes, por nada, a vossa valentia, quando preciso de homens de coragem. A minha bandeira parte em tres dias; porque vos não alistaes nella?

Quadro 14 M.b. D. Fernando pensa um instante, e como buscando um conselho, volta-se para onde está a moça.

Quadro 15 M.b. D. Maria na cadeirinha. Ella faz que sim, com a cabeça, sorrindo.

Quadro 16 M.b. D. Fernando sorri para ella. Volta-se para D. Luiz e responde, num cumprimento:

3- É um prazer servira aum chefe como vós, D. Luiz! Contae commigo, se de mim necessitaes!

Quadro 17 P.i. D. Luiz sorri. Estende a mão ao moço, que a aperta. Anima o animal, e vae ao encontro da cadeirinha.

Quadro 18 P.i. D. Luiz chega á cadeirinha. Os escravos erguem-na e, emquanto

		a moça olha furtivamente para onde estava D. Fernando, continuam seu caminho, com D. Luiz a seu lado.
Quadro 19	M.b.	D. Fernando acompanha a cadeirinha com o olhar. Embainha calmamente a espada, approxima-se de Imbú.
Quadro 20	1ºp	D. Fernando bate nas costas do negro, animando-o. Imbú ergue-se um pouco, olha o moço, pega-lhe na mão e beija-a, reconhecido. Fusão.
SCENA 2	Na forja de Mestre Garro	
Quadro 21	1ºp	A mão de Mestre Garro, abaixando e levantando o folle da forja.
Quadro 22	M.b.	Mestre Garro deixa o folle, retira do fogo um florete, que examina com olhos de artista. Elle sorri.
Quadro 23	P.i.	Mestre Garro vae até o balde de agua. Vae mergulhar dentro dele o florete quente.

Quadro 24	1°p.	Florete entrando no balde de agua. Levanta-se uma fumaça tenue e leve.
Quadro 25	M.b.	O velho armeiro retira a arma do balde. Experimenta o gume, dobra-o, maneja-o.
Quadro 26	M.b.	A porta da forja abre-se. Assoma D. Fernando, que olha para dentro.
Quadro 27	P.i.	Mestre Garro, de costas para a porta, está entretido com a arma. D. Fernando entra, approxima-se, bate-lhe no hombro. O Mestre volta-se, sorri para o rapaz.
Quadro 28	M.b.	Mestre Garro contempla o florete, orgulhoso de sua obra. Mostra-o a D. Fernando, que o admira com olhos de prazer. O velho fala, batendo nos hombros do rapaz:
	4 -	É para vós, D. Fernando, hoje que completaes vinte annos! Espero que o honreis sempre, como o faria vosso pae!
Quadro 29	M.B.	D. Fernando, comovido, aperta a mão do velho. Tira a sua espada, olha-a com saudade, e joga-a

para cima de uma das mesas, substituindo-a pelo florete. Faz uma pose, para mostrar-se ao velho de arma nova. Approxima-se depois de Mestre Garro, diz-lhe qualquer coisa ao ouvido. O velho sorri, bregeiramente, comprehendendo. A seguir D. Fernando parte, fazendo um gesto rapido de despedida, e sahindo quase a correr.

Quadro 30 M.b. Mestre Garro, de costas, vê o moço sahir.

Quadro 31 P.i. Mestre Garro volta-se devagar. Dirige-se para uma velha arca, ao canto da parede, ajoelha-se.

Quadro 32 M.b. Mestre Garro ajoelha-se deante da arca. Abre-a. Remexe, procura. Tira de lá um pergaminho, desdobra-o. Lê:

5 - "Roteiro da Ilha das Esmeraldas. Para ser entregue a meu filho, D. Fernando, quando completar 21 annos. Entregue por seu pae a Mestre Garro, pouco antes de morrer com sua mãe, victimas dos indios que os atacam."

Quadro 33 M.b. Mestre Garro torna a enrolar o pergaminho. Suspira com desalento. Torna a guardal-o, fecha a arca.

Fusão

SCENA 3 Varanda da casa colonial dos Snrs. Barros

Quadro 34 Vista da varanda, onde dois velhos, sentados ao redor de uma mesa, jogam xadrez.

Quadro 35 M.B. O velho Barros move uma pedra. Feito o lance, ergue a cabeça, sorridente, mas a sua attenção volve-se para o portão.

Quadro 36 P.i. A cadeirinha de D. Maria, acompanhada por D. Luiz, transpõe o grande portão da entrada.

Quadro 37 M.b. O velho Barros chama a attenção do seu parceiro para a cadeirinha que entra. O velho Monteiro volve o olhar para a entrada, volta-se depois para o velho Barros, e sorri significativamente. Barros lhe fala:

6 - Estive pensando no futuro delles. Minha filha possue innumeras

		prendas, e D.Luiz é um filho que honra o vosso nome. Achaes que...
Quadro 38	M.b.	O velho Monteiro sorri. Olha para o taboleiro. Faz o lance:
Quadro 39	1ºp.	A mão do velho Monteiro tira, com o peão, a dama adversaria.
Quadro 40	M.b.	O velho Monteiro sorri do lance, fala ao seu amigo:
	7 -	Perfeitamente: eis meu peão que vos rouba a dama!
Quadro 41	M.b.	O velho Monteiro ri-se, bate noo hombros do Snr. de Barros, completando:
	8 -	Acho que, em se casando D. Luiz com D. Maria, seria um formoso casamento!
Quadro 42	M.b.	D. Barros sorri tambem, fazendo que sim com a cabeça.
Quadro 43	P.i.	D. Luiz auxilia D. Maria a descer da cadeirinha, estendendo-lhe a mão, a que a moça se apoia delicadamente. Ambos sobem os degráos da pequena escada que conduz á varanda.

Quadro 44	M.b.	D. Maria, numa mesura graciosa, cumprimenta o velho Monteiro. Approxima-se de seu pae, beija-o, D. Luiz cumprimenta-os, a seguir acompanha D. Maria até a porta da entrada. Antes de entrar, a moça estende-lhe a mão, que D. Luiz beija. A moça lhe fala:
	9 -	Obrigada pelo lindo passeio, D. Luiz!
Quadro 45	M.b.	O moço sorri. D. Maria inclina-se, e entra para dentro. D. Luiz volta-se para os velhos, que sorriem. D. Monteiro levanta-se, olha para elle, dizendo-lhe:
	10 -	Pensamos casal-o com D. Maria... Que dizeis a isso, D. Felizardo?
Quadro 46	M.b.	D. Luiz sorri, contente pela felicidade que o espera, e enlevado, aperta a mão do velho Barros. O velho Monteiro tambem estende a sua juntando, num aperto, como para sellar o compromisso, as tres mãos.

SCENA 4 Exterior da residencia dos Snrs. Barros

Quadro 47	P.i.	D. Fernando a cavallo. Passeia. Vê, ao longe, a casa da D. Maria. Estaca o cavallo, demorando-se a olhar para a casa.

Quadro 48	P.i.	D. Fernando, perto da casa de D. Maria. Rodei-a, chega ao pé do muro, um velho muro cheio de trepadeiras.Pára, põe-se de pé sobre a sella, olha para o interior. Lança depois um olhar em torno de si, e, cuidadoso, escala o muro.

SCENA 5 Jardim dos Snrs. Barros

Quadro 49	P.i.	D. Fernando desce o muro, dentro do jardim. Caminha, occultando-se com cuidado entre as arvores, até que pára. Affasta alguns ramos, olha.
Quadro 50	P.i.	No alpendre. D. Maria sentada em um banquinho, borda um lenço. Ao seu lado, sentada em uma larga poltrona de vime, a velha mucama negra cochila.
Quadro 51	1ºp.	D. Fernando leva a mão á bocca, em porta voz, e assobia.
Quadro 52	P.i.	D. Maria, no alpendre. Ella ouve o chamado. Ergue-se com cuidado, olhando a mucama que cochila. Deixa a peça de fazenda em cima do banco, e vae ao encontro do moço.

Quadro 53 P.i. D. Maria assoma entre os ramos. O rapaz vae ao seu encontro, inclina um joelho em terra, beija-lhe a mão. A moça ergue-o. Vão sentar-sae em um banco rustico, rodeado de trepadeiras e de flores.

Quadro 54 M.b. O moço pega amorosamente nas mãos de D. Maria, contempla a moça, extasiado. Depois desembainha o florete. Mostra-o. Fala:

11 - É um presente que me deu hoje Mestre Garro. Quereis ser minha madrinha?...

Quadro 55 P.i. A moça sorri. D. Fernando estende-lhe a mão esquerda. D. Maria, pousando a sua mão na mão do moço, levanta-se, com D. Fernando. Dão, assim, um passo para a frente. O moço inclina um joelho em terra e, segurando com as duas mãos o florete, apresenta-o a D. Maria. Ella toma a arma com a mão direita, levanta-a sobre a cabeça do moço, toca primeiro o hombro esquerdo, depois o hombro direito de D. Fernando.

Quadro 56	P.i.	No alpendre. A mucama desperta, a um cochilo mais forte. Olha em redor, espantada por não ver D. Maria. Olha depois para o banco.
Quadro 57	1ºp.	Peça de fazenda, sobre o banco, balançando ao vento.
Quadro 58	P.i.	A mucama faz um gesto significativo. Levanta-se, cautelosa, vae até um grupo de trepadeiras. Affasta os ramos com cuidado, e olha.
Quadro 59	P.i.	A moça apresenta o florete a D. Fernando, que o recebe. A seguir a moça faz D. Fernando erguer-se, e beija-o nas duas faces.
Quadro 60	M.b.	Mucama, de frente, entre os ramos. Ella sorri, mostrando os dentes brancos, fecha os ramos devagar.
Quadro 61	P.i.	A mucama, com o mesmo cuidado, volta a sentar-se na sua larga poltrona de vime, e finge cochilar como antes.

Quadro 62 M.b. D. Maria olha ao redor com cuidado. Contempla D. Fernando, que lhe fala:

12 - Obedeço á ordem do meu amor, D. Maria! Parto com a bandeira de D. Luiz, e hei de voltar rico para poder pedir a vossa mão!

Quadro 63 M.b. D. Maria inclina a cabeça sobre o hombro do moço, que continua:

13 - Devassarei a terra virgem, roubar-lhe-hei os seus melhores thesouros para vir offerecel-os áquella que mais amo!

Quadro 64 1°p. D. Maria fita o moço nos olhos. Seus labios se approximam. Depois, olhando-a com carinho, o moço prosegue:

14 - Amanhã, na bençam das espadas, sereis de novo minha madrinha?

Quadro 65 M.b. A moça faz que sim com a cabeça. Depois, faz um gesto rapido, com a cabeça, para o lado, como se ouvisse algum rumor. Faz um gesto de silencio para o moço, diz-lhe adeus com a mão, olha em redor, volta-se, vae até os ramos, abre-os, affasta-se.

SCENA 6 Taberna do Gallo

Quadro 66	1ºp.	Sinos tocam Angelus. Ao fundo, o sol se põe.
Quadro 67	1ºp.	Porta da taberna. Pregada ao alto, uma taboleta: um gallo recortado em madeira.
Quadro 68	P.i.	Panorama, interior da taberna. A machina apanha o gallo em madeira que está pregado ao alto do arco da entrada. Desce. Mostra o gordo taberneiro que dormita sentado em um barril. Corre entre as mesas. No balcão, um homem de má catadura, D. Ruy, joga dados com outro. Em uma das mesas, D. Luiz conversa com um amigo. A machina continua. Um rapaz serve vinho a outra mesa. Um, bebe um pichel de um trago, outro fala, ali um dorme. Um faz rabiscos na parede, de que os outros se riem. A machina caminha, até parar na mesa onde, sentados, estão João, com seu gato preto a tiracollo, e seu amigo Pedro.
Quadro 69	M.b.	João vae levar seu pichel á bocca, mas ve que está vasio.

Deposita-o, desalentado, sobre a mesa, lançando um olhar de cubiça para o pichel de Pedro, que está cheio. João olha para o amigo com olhar malicioso, approxima-se-lhe, dis-lhe alguma coisa ao ouvido, apontando para o fundo da taberna. Pedro volta-se para o logar indicado, dando as costas a João, enquanto este, pegando no pichel de Pedro, evasia-o de um trago, tornando a collocal-o no logar, enquanto Pedro se volta. Pedro apponta com o pollegar para o fundo, dá uma gargalhada, no que é acompanhado por João, que se ri mais ainda. A seguir Pedro pega no seu pichel, vae leval-o á bocca, mas verifica que está vasio. Comprehende o logro em que cahira. João, disfarçando, apoia o queixo na mão e olha para cima com o ar mais innocente deste mundo. Pedro olha-o desconfiado, fechando a cara. Pensa um instante, sorri como quem descobre uma vingança, pega no braço de João, e interpella-o carrancudo:

15 - Quando é que pagas os dois escudos que me deves?

Quadro 70 M.b. João olha desapontado para Pedro. Faz um gesto de quem está zangado, pega no nariz de Pedro, pucha-o, retira a mão, com ar feroz. Pedro, em retribuição, mimoseia o amigo com um forte puchão de orelha, retirando tambem a mão, com ar mais feroz ainda.

Quadro 71 P.i. D. Fernando assoma á porta da taberna. Entra. Cruza-se, no balcão, com D. Ruy, que joga dados. Continua, cumprimenta D. Luiz, e senta-se á mesa de João e Pedro, que o recebem alegres.

Quadro 72 M.b. Pedro olha para o moço, e pergunta:

16 - Sempre seguís com a bandeira de D. Luiz?

Quadro 73 M.b. Um homem traz um pichel a D. Fernando. Enche-o de vinho. D. Fernando responde:

17 - Sim, bem sabes porque... Preciso voltar rico, para pedir alguem em casamento!

Quadro 74 M.b. João e Pedro fingem um ar comovido e grotesco D. Fernando continua:

18 - E esse alguem será minha

madrinha, amanhã, na bençam das espadas...

Quadro 75	M.b.	João pisca para Pedro, e dá-lhe uma cotovellada. D. Fernando fica pensativo, toma um trago de vinho.
Quadro 76	P.i.	Panorama. A machina vae até onde está D. Ruy, jogando dados, no balcão.
Quadro 77	M.b.	D. Ruy joga os dados, perde. Joga outra vez, perde, rosna pragas. Vae jogar outra vez, mas o seu parceiro lhe diz que não quer jogar mais. D. Ruy, furioso, pega na cuia dos dados.
Quadro 78	M.b.	(Em 1°p., D. Luiz; ao fundo, D. Ruy, em tres quartos, com a cuia na mão) D. Ruy furioso, joga os dados contra o parceiro que acaba de deixal-o. Erra. Os dados vão bater no rosto de D. Luiz. Este, irritado ante o insulto, levanta-se.
Quadro 79	P.i.	D. Luiz desembainha a espada, rapido. D. Ruy olha-o, de alto a baixo, com desprezo. Pega do seu pichel, esvasia-o; vae descer o braço, mas D. Luiz

agilmente, com um golpe de espada, joga-lhe para longe o copo, que se espatifa.
D. Fernando observa a scena.
D. Ruy contorna D. Luiz, pondo simuladamente a mão para traz do gibão.

Quadro 80 M.b. (D. Fernando e D. Ruy) D. Ruy tira disfarçadamente um punhal, da parte de traz do gibão.
D. Fernando levanta-se da cadeira. D. Ruy, num gesto rapido, atira a arma mas o moço ainda lhe segura a mão, com tempo de desviar o rumo da arma.

Quadro 81 1°p. Punhal cravando-se violentamente na parede, ao lado da cabeça de D. Luiz.
A arma oscilla do golpe.

Quadro 82 P.i. D. Fernando agarra D. Ruy violentamente, torcendo-lhe o braço, e obrigando a ajoelhar-se deante de D. Luiz. Este, com o olhar, agradece a D. Fernando, levanta D. Ruy, examina-o dos pés a cabeça, e fala:

19 - Devia castigar-te, biltre, mas preciso na minha bandeira de homens violentos como tú.

Partimos em tres dias: o meu capitão te alistará ainda hoje!

Quadro 83 M.b. D. Ruy olha com odio para D. Luiz. Faz um gesto de raiva, encaminha-se para a sahida. A machina o acompanha em panorama. No humbral da porta, D. Ruy volta-se para o interior, fita o moço mais uma vez, sorri enigmaticamente, e sobe os degráos da escada.

Fusão

SCENA 7 No Largo da Matriz

Quadro 84 P.i. Panorama. Largo da Matriz. A machina, apontada para cima, mostra a vetusta torre da egreja colonial. Voam no ar, em semi-circulos, bandos de andorinhas. Os sinos badalam. A machina vae descendo, apanhando uma vista de todo o largo, onde uma multidão se comprime. Grupos de fidalgos passeiam. Uma gorda irmã conduz pelos braços duas crianças enfeitadas. Negras e mucamas sorriem, comos alvos dentes á mostra. Raparigas sorridentes falam alegres. Pares

de namoradas fazem confidencias. Subito toda aquella multidão, como movida por um só desejo, volta-se para a egreja. A machina vae atravessando a massa de povo, até parar deante da porta da Matriz. Conduzindo o Santissimo, solemne, sae da egreja, ladeado por clerigos e padres, o sacerdote que officía a cerimonia. Na sua frente, abrindo o cortejo, um grupo de coroinhas, conduzindo thuribulos, espalham no ar nuvens de incenso. A multidão começa a apartar-se. O cortejo, imponente, avança até a entrada do Largo. Vêm os clerigos. Após elles, os velhos D. Barros e D. Monteiro, conduzindo suas esposas pelo braço; D. Maria os segue, pelo braço de D. Luiz. D. Fernando vem logo depois, conduzindo os homens da bandeira. Chegando ao meio do Largo, o cortejo pára.
Os bandeirantes, guiados por D. Luiz e D. Fernando, vão postar-se, em fila, á esquerda da scena. As moças, encabeçadas por D. Maria, vão postar-se á direita. A machina, caminhando pelo centro, passa-os em revista, até

parar onde está o grupo central (D. Fernando, D. Luiz e D. Maria ficam no extremo da fileira, perto do grupo central).

Quadro 85 1°p. O sacerdote, no gesto do ritual, ergue o Santissimo.

Quadro 86 P.i. Todos se ajoelham.

Quadro 87 1°p. D. Fernando ergue furtivamente o olhar na direcção de D. Maria, e sorri.

Quadro 88 1°p. D. Maria ergue furrtivamente o olhar na direcção de D.Fernando, e sorri tambem.

Quadro 89 1°p. O sacerdote abaixa o Santissimo.

Quadro 90 P.i. Todos erguem-se. Bandeirantes desembianham as suas espadas, erguem-nas perpendicularmente ao rosto, inclinan-nas depois para o lado direito, completando o cumprimento.

Quadro 91 M.b. O sacerdote, com o Santissimo na altura do peito, fala:

20 - Que Deus abençoe as vossas espadas! Que vos faça poupar sangue innocente, e vos guie sempre no caminho do Bem e da Justiça!

Quadro 92	M.b.	O sacerdote faz, com a mão direita, o signal da cruz. Conclúe:
	21 -	Que vossas madrinhas vos inspirem!
Quadro 93	P.i.	Os bandeirantes seguram as espadas com as duas mãos, caminham para a frente, e vão ajoelhar-se cada um diante de uma moça.
Quadro 94	P.i.	D. Luiz e D. Fernando ajoelham-se juntos diante de D. Maria. A moça hesita. Os rapazes, vendo isso, levantam-se e encaram-se, surpresos.
Quadro 95	M.b.	(D. Luiz e D. Fernando, frente a frente). D. Fernando interroga:
	22 -	Parece que vos enganaes, D. Luiz, porque D. Maria vae ser minha madrinha!
Quadro 96	M.b.	(D. Luiz e D. Fernando de frente). O primeiro fita o segundo, recua dois passos, e estende para a frente a espada, em posição de ataque. D. Fernando estende tambem a sua espada.

Quadro 97	M.b.	O sacerdote, D. Barros, D. Monteiro e suas senhoras, olhando o quadro anterior, avançam para os contendores.
Quadro 98	P.i.	O sacerdote colloca-se entre os dois rapazes, mostra, com a mão, o Santissimo. Ambos desistem do ataque. D. Barros colloca a sua mão no hombro de D. Luiz. Olha depois para D. Maria, duramente. Fala-lhe:
	23 -	Escolhi D. Luiz para teu esposo!
Quadro 99	M.b.	D. Barros e D. Maria. Ella, attonita, fita o pae, que continua severo:
	24 -	Abençoa a sua espada!
Quadro 100	M.b.	D. Barros e sua filha. A moça faz um gesto de supplica. O velho faz um gesto imperativo.
Quadro 101	M.b.	D. Fernando. O moço abaixa a cabeça, levanta-a para D. Maria, fita-a. Volta-se depois, com um grande ar de tristeza nos olhos.
Quadro 102	P.i.	D. Fernando atravessa o grupo, de cabeça baixa, andando devagar, desalentado, enquanto a cerimonia continua: D. Luiz ajoelha-se deante de D. Maria.

Os rapazes, com as duas mãos, entregam ás moças as suas espadas. Ellas as levantam sobre as cabeças dos bandeirantes. Tocam-lhe primeiro o hombro esquerdo, depois o direito, emquanto a scena faz, lentamente, fusão.

SCENA 8 Acampamento da bandeira

Quadro 103 P.i. Panorama. Acampamento da bandeira. Ha grande azafama. A machina vae focalisando os seus aspectos; um grupo de mucamas ensacca o sal empilhado em montes; outras, ensaccam mantimentos. Homens acocorados no chão, dividem as polvoras entre os polvarinheiros. Outro grupo de homens está polindo as espadas, outro examina as escorvas dos bacamartes e das garruchas. Outros enchem de agua os cantís, outros enchem pequenos barrís com alcool. A machina pára em D. Ruy.

Quadro 104 M.b. D. Ruy, sentado em cima de caixas, limpa calmamente o seu bacamarte. A seu lado, sentado em outra caixa mais baixa, um mestiço de máscara. D. Ruy cuspinha para o lado, e fala:

25 - Tú partirás no mesmo dia em que sahirmos. Acompanharás a bandeira de longe, e á noite communicar-te-has commigo. Desta vez, acredito, havemos de sahir-nos bem!

Quadro 105 M.b. O mestiço limpa, com a manga, o suor do rosto. Faz com a cabeça um signal mysterioso. Approxima-se um homem: D. Ruy continua calmamente a limpar o seu bacamarte. O mestiço finge-se distrahido, a olhar para o que faz D. Ruy.

Fusão rapida.

SCENA 9 Exterior e jardim dos Snrs. Barros

Quadro 106 P.i. D. Fernando, a cavallo, no alto de uma collina coberta de Exterior e herva rasteira, contempla ao longe a residencia de D. Maria. Mette depois o cavallo a passo, encaminhando-se para lá.

Quadro 107 P.i. D. Fernando rodeia a casa, chega-se cauteloso ao muro, trepa por elle como na primeira vez, ficando de pé sobre a sella.

Quadro 108 P.i. Interior do jardim. D. Fernando desce o muro, avança com cautela, escondendo-se entre as arvores.

Quadro 109 M.b. D. Fernando pára, abre os ramos devagar, olha.

Quadro 110 P.i. O alpendre vasio.

Quadro 111 M.b. D. Fernando volta-se. O moço tem no rosto uma expressão de tristeza. Olha em torno, com saudade.

Quadro 112 P.i. O moço olhando ao redor: fita as arvores, as plantas, as flores, o banco rustico em que pela manhã se sentára. Encaminha-se para elle.

Quadro 113 M.b. O moço senta-se no banco, pousa a cabeça entre as mãos, medita. Depois, abaixa as mãos, como quem descobre no chão alguma coisa. Fixa o olhar, e abaixa a mão para apanhar o objecto.

Quadro 114 1°p. Lencinho de rendas. A mão de D. Fernando ergue-o.

Quadro 115 M.b. D. Fernando olha o lenço com amor. Fita-o longamente. Leva-o aos labios, beija-o. Olha-o ainda mais uma vez, guarda-o no gibão. Levanta-se.

Quadro 116 P.i. D. Fernando, de pé, lança um ultimo olhar em torno. Dirige-se para o muro, escala-o. A machina sobe com elle. Mostra-o cahindo sobre o cavallo, no outro lado, e partindo a galope.

SCENA 10 Sala de jantar dos Snrs. de Barros

Quadro 117 P.i. Sala de jantar da residencia de D. Maria. O velho D. Barros, sua esposa e D. Maria, cabeças baixas, rezam antes da refeição.

Quadro 118 M.b. Os tres levantam as cabeças. Os olhos da moça estão cheios de lagrimas. A velha senhora olha-a com carinho. O velho fita sua esposa, dirige depois o olhar para D. Maria.

Quadro 119 1°p. (Flou) A moça fita seu pae, olhos cheios de lagrimas. Depois, inclina a cabeça, envergonhada de revelar a sua tristeza.

Quadro 120 M.b. A velha senhora vae falar.

D. Barros faz com a mão um signal para que se cale. Estende o braço, pega na mão de sua filha, conserva-a com carinha na sua, e fala-lhe suavemente:

26 - Não chores, filha! Reserva essas lagrimas para outro mais digno...

Quadro 121 M.b. O velho fidalgo fita commovido a sua filha. Conclue:

27 - Esquece esse amor infeliz! D. Luiz é um fidalgo! O outro é um plebeu indigno de ti!

Quadro 122 M.b. D.Maria fita o pae, olhos abertos, como quem olha e não vê...

Fusão

SCENA 11 Na forja de Mestre Garro

Quadro 123 P.i. Noite. No interior da forja de Mestre Garro. D. Fernando está sentado, de costas, em um tamborete rustico. Mestre Garro em sua frente, está sentado em outro tamborete. O velho olha o rapaz. A luz do archote illumina-lhe as feições, destacando-lhe os traços. Mestre Garro fala:

28 - Coragem, meu rapaz, o teu desanimo nada adiantará!

Quadro 124 M.b. O velho continúa a fitar o rapaz. Põe-lhe a mão no hombro, continúa:

29 - Espera...

Quadro 125 P.i. O velho levanta-se. Hesita. O moço continua pensativo. Mestre Garro dirige-se para a velha arca, inclina um joelho em terra, abre-a. Remexe, tira de lá o pergaminho. Levanta-se, volta, torna a sentar-se.

Quadro 126 M.b. O velho senta-se. E fitando o rapaz, fala:

30 - Devia eu entregar-vos isto daqui a um anno. Mas quebro a minha promessa: olhae!

Quadro 127 M.b. O velho entrega o pergaminho ao rapaz. Esse desdobra-o. Lê. Agita-se.

Quadro 128 M.b. D. Fernando de frente. O velho de costas. O rapaz acaba de ler, com incontida alegria. Olha o velho, rasga o envolucro, e a seus olhos se desvenda um mappa. O moço fala, num assomo de alegria:

31 - O famoso roteiro da Ilha das Esmeraldas! É a fortuna que está aqui!

Quadro 129 M.b. Mestre Garro de frente, o rapaz de costas. O velho cofia calmamente a barba. Sorri para o moço, e responde:

32 - A fortuna... e o amor!

Quadro 130 P.i. O velho continua a cofiar a barba, sorrindo. Depois, ambos levantam-se. Mestre Garro continúa:

33 - Não deveis revelar o segredo a ninguem. Embarcareis amanhã. Prepararei tudo: João e Pedro iráo comvosco.

Quadro 131 P.i. D. Fernando abraça, comovido, o seu velho preceptor.

Fusão

SCENA 12 Exterior residencia Snrs. Barros

Quadro 132 P.i. Noite. Vista exterior da residencia de D. Maria, fracamente illuminada pelos archotes da rua. D. Fernando, cuidadosamente embuçado, approxima-se. Rodeia a casa. Pára, debaixo do balcão cheio de trepadeiras, illuminado na parte superior pela larga porta envidraçada que dava accesso ao quarto de D. Maria.

Quadro 133	M.b.	O moço descobre o rosto. Examina attentamente os arredores desertos. Olha para cima, ancioso. Leva a mão á bocca, em porta voz, e assobia, como fazia no jardim.
Quadro 134	P.i.	Interior da alcova de D. Maria. A porta abre, D. Maria entra, dá um passo, pára, escutando o chamado. Inclina-se um pouco para a frente, para escutar melhor. Olha, receiosa, para o corredor de onde viera, cerra a porta, fechando-a á chave. E, pé ante pé, dirige-se para a porta envidraçada do balcão, affasta o reposteiro e espia entre os vidros, procurando distinguir.
Quadro 135	m.b.	D. Fernando olhando anciosamente para cima.
Quadro 136	P.i.	Vista exterior da porta envidraçada. A sombra de D. Maria apparece de encontro á luz. A sombra affasta-se, mostrando um gesto de espanto da moça, que leva a mão ao rosto. O reposteiro torna a cahir, escurecendo a porta.
Quadro 137	M.b.	D. Fernando continúa a olhar

para cima. Depois, num gesto rápido, escala o balcão, subindo pelas trepadeiras.

Quadro 138 P.i. Esquina da casa de D. Maria. Um archote, preso ao alto, illumina a cena. Dobrando a esquina, assoma um vulto embuçado. Vendo D. Fernando subir, pára, colla-se ao muro, abaixa a capa que lhe cobre o rosto.

Quadro 139 M.b. Feições contrahidas, olhar de odio, apparece a figura de D. Ruy.

Quadro 140 P.i. Panorama. A machina acompanha D. Fernando, que sóbe, escala o balcão, avança pelo terraço, chega á porta, abre-a devagar, entra. A porta torna a cerrar-se.

Quadro 141 P.i. D. Ruy avança. Examina o balcão. A sua face tem, agora, um sorriso escarninho. Volta até uma pequena porta encravada no muro. Bate tres pancadas surdas, com o punho fechado.

Quadro 142 M.B. D. Ruy espera á porta. Imbú, o escravo que fôra açoitado no Largo da Matriz, vem abril-a, somnolento, com um archote na mão. D. Ruy entra precipitadamente. A porta torna a fechar-se.

SCENA 13 Alcova de D. Maria

Quadro 143 P.i. Interior da alcova de D. Maria (machina collocada na porta envidraçada do balcão). D. Fernando, de costas, adeanta-se, descoberto, põe um joelho em terra. A moça fita-o, não escondendo a sua surpresa e o seu receio.

Quadro 144 M.b. O moço fala, emocionado:
34 - Perdoae-me se ouso tanto, D. Maria. Mas parto amanhã, sosinho, em busca da fortuna...

Quadro 145 M.b. A moça volta-se, como escondendo a dôr que a invade. Torna depois a fitar o moço, anciosa. D. Fernando pega-lhe nas mãos, conserva-as entre as suas, e continúa, sempre ajoelhado:
35 - Quando eu volta, quereis dar-me a honra de ser minha esposa?

Quadro 146 P.i. D. Maria hesita. Ergue depois, docemente, D. Fernando. Vae

com elle até o canto da alcova, onde está o oratorio, e pára deante da imagem da Santa, illuminada por dois cirios collocados em candelabros de prata.

Quadro 147 M.b. A moça volta-se para o rapaz e, os seus olhos nos olhos delle, fala:

36 - Deante desta imagem eu vos juro, D. Fernando, que hei de ser vossa esposa dedicada e amorosa!

Quadro 148 M.b. O rapaz ajoelha-se e, com apaixonado carinho, lhe beija as mãos. Mas a moça ergue-o logo, como não querendo que se ajoelhasse deante della. Olham-se nos olhos.

Quadro 149 1°p. Approximam-se lentamente. Elle enlaça-a, carinhoso. As duas cabeças se approximam mais.

Quadro 150 1°p. Os labios tocam-se, num longo beijo.

SCENA 14 Salão da residencia

Quadro 151 P.i. No salão da residencia, de pé, o velho Barros revela no seu rosto um incontido odio. D. Ruy, submisso como um cão, está curvado deante delle. D. Barros fita o delator, bate com o punho fechado na mesa, e fala:

37 - Se não fôr verdade o que me dizes, cão immundo, mandarei esfolar-te pelos meus escravos!

Quadro 152P.i. O senhor Barros faz um gesto energico de despedida. D. Ruy, sem se voltar, sempre curvado e humilde, affasta-se em direcção á porta. O velho sobe a escada que conduz ao quarto da moça.

SCENA 15 Alcova de D. Maria

Quadro 153M.b. Interior da alcova. A moça desprende-se dos braços do rapaz. Olha-o com amor. Fala:

38 - Podeis partir agora, D. Fernando. Rezarei por vós!

Quadro 154M.b. O moço beija-lhe as mãos, cobre-as de beijos. Ergue depois a cabeça, e fala:

39 - Voltarei breve, para o nosso amor e a nossa felicidade!

Quadro 155 P.i. D. Fernando olha para a moça pela ultima vez. Volta-se, dirige-se para a porta, abre-a, volve ainda a olhar para a moça, que ficára imovel no mesmo logar, lança-lhe com os dedos um ultimo beijo, sáe.
A porta fecha-se.

Quadro 156 P.i. Terraço do balcão. O moço atravessa-o rapido. Escala o balcão, começando a descer para a rua (panorama).

SCENA 16 Exterior da residencia

Quadro 157 M.b. D. Ruy com tres escravos, escondidos ao pé da trepadeira, esperam que o moço desça.

Quadro 158 P.i. D. Fernando desce. Pousa o pé em terra. D. Ruy faz-lhe frente, com a espada em punho.
O moço, num pulo rapido, affasta-se do seu alcance, arranca rapidamente a sua espada.
D. Ruy avança, emquanto os negros, munidos de varapáus e archotes, cerram ao lado delle.

Quadro 159 M.b. Um archote illumina mais vivamente o rosto do moço.

Quadro 160 M.b. Imbú, o negro que fôra açoitado no Largo da Matriz, reconhece o moço. Tem no rosto uma expressão de espanto. Affasta-se calculadamente, deixando os outros dois supportarem o ataque que, naquelle instante, D. Ruy fazia ao moço.

Quadro 161 P.i. D. Fernando defende-se dos golpes que lhe são vibrados. O negro Imbú affasta-se dois passos. Com um golpe certeiro abate o primeiro negro, e mal o segundo se volta, prostra-o tambem. Imbú, a seguir, posta-se em attitude de expectativa, vendo o duello dos dois homens.

Quadro 162 M.b. D. Fernando e D. Ruy esgrimem. Este, surprehendido pela traição, fraqueja os ataques. Recúa.

Quadro 163 P.i. D.Ruy recúa. D. Fernando golpeia a fundo. O corpo de D. Ruy, tocado na ilharga, cáe.

Quadro 164 M.b. O moço, surpreso, estende a mão ao negro, que a aperta. O negro fala:

40 - Eu sou o escravo que foi açoitado no Largo da Matriz. Nunca esqueço de quem me faz bem...

Quadro 165 M.b. D. Fernando olha fixamente para Imbú. Bate no hombro do negro, em signal de protecção e reconhecimento. O moço faz com a cabeça, para o negro, um signal para que o siga.

Quadro 166 P.i. Ambos se affastam, rapidamente, pelo mais escuro da rua.

SCENA 17 Na forja de Mestre Garro

Quadro 167 P.i. No interior da forja de Mestre Garro. D. Fernando, de costas, está sentado em um tamborete. Imbú está sentado no chão, pernas cruzadas como um budha. O velho armeiro passeia agitado, de um lado para o outro, mãos nas costas, pensativo. Pára deante do moço, fita-o, e fala:

41 - Fostes demasiado imprudente, meu rapaz! Não tarda que os esbirros do velho Barros vos procurem.

Quadro 168 M.b. O moço inclina a cabeça. O negro olha para o moço. Mestre Garro cofía a barba. Volta a falar:

42 - Escondei-vos esta noite na encruzilhada do rio. Pela manhã, lá apparecerá a canôa de João e Pedro. Parti com elles, e ide a

procura das esmeraldas. Que Deus vos abençoe!

Quadro 169 P.i. O velho armeiro, ouvindo qualquer rumor na rua, vae até a janela, espia attentamente para fóra. Dali, faz um gesto ao moço para que fuja. O moço vae despedir-se delle. O velho faz-lhe que não. D. Fernando, desanimado, vae até a porta, acompanhado por Imbú, despede-se dali com um olhar, e sáe.

Fusão.

SCENA 18 Varanda da casa dos Snrs. de Barros

Quadro 170 P.i. Manhã. Na varanda da residencia de D. Maria. Lá estão a moça, seu pae, sua mãe.

Quadro 171 P.i. Na varanda. Os tres, de pé, parecem esperar alguem que não deve demorar. A velha senhora enxuga disfarçadamente uma lagrima teimosa. D. Maria está ao lado de seu pae, numa attitude humilde e triste. O velho tem um ar energico.

Quadro 172 M.b. O velho e sua filha. O velho lhe

fala, severo, tomando-a pelo braço:

43 - Esquecerei o insulto de hontem á noite, D. Maria, se agora jurardes a D. Luiz que sereis sua esposa!

Quadro 173M.b. O velho encara a filha,fixamente. Ella levanta para elle o olhar supplicante. Rolam-lhes lagrimas dos olhos, que ella limpa com a mão. A um ruido, voltam-se para o portão.

Quadro 174P.i. D. Luiz a cavallo, acompanhado de seu capitão, atravessa o grande portão da entrada. Transposto o portão, apeiam-se. O capitão segura os animaes pela redea. D. Luiz adeanta-se, sobe a escada da varanda, descobre-se, inclina-se num cumprimento.

Quadro 175M.b. O moço ergue a cabeça, e fala:

44 - A minha bandeira está de partida. Vim trazer-vos as minhas despedidas!

Quadro 176M.b. O velho approxima-se, estende a mão ao moço, que a aperta. Os dois unem-se num abraço. A seguir o moço volta-se para a velha senhora, inclina-se, beija-lhe a mão. Volta-se depois para D. Maria, toma-a pela mão. A moça interroga seu pae, com o olhar ainda supplice; mas o velho, num gesto, lhe ordena que acompanhe o moço. Ella desce a pequena escada, acompanhando D. Luiz. A velha senhora approxima-se de seu esposo, inclina-se sobre o seu hombro. O velho fidalgo fita a sua senhora, enlaça-a, e ficam ambos olhando o par que desce.

Quadro 177 P.i. D. Luiz desce o degráos da pequena escada, conduzindo D. Maria pela mão. Vão até onde estão os cavallos seguros pelo capitão. Param.

Quadro 178 M.b. D. Luiz fita D. Maria com enlevo. Fala-lhe, tendo as mãos della entre as suas:

45 - Tenho duas grandes affeições, D. Maria: o meu amor por vós, e o meu amor pelo sertão bruto...

Quadro 179 M.b. A moça olha para D. Luiz, que continua:

46 - Vou dedicar-me agora ao meu segundo amor: a floresta bravía, escondendo um perigo em cada folha, uma traição em cada moita!

Quadro 180 M.b. A moça continúa a fitar silenciosamente o moço, que prosegue:

47 - E quando voltar para o vosso amor, hei de trazer-vos honra, fortuna, e um nome ainda mais glorioso que se unirá ao vosso para sempre!

Quadro 181 M.b. D. Maria inclina a cabeça. O moço beija-lhe as mãos. Depois, respeitoso, enlaça-a, beija-a na testa. A moça conserva-se sempre immovel e silenciosa. O moço volta-se.

Quadro 182 P.i. D. Luiz monta a cavallo. O seu capitão imita-lhe o gesto. O moço cumprimenta com o chapéo os dois velhos, que ainda unidos os contemplam da varanda. Diz adeus a D. Maria, esporeia o animal e parte.

SCENA 19 No Largo da Matriz

Quadro 183 P.i. No Largo da Matriz, em ordem de marcha, estaciona a grande bandeira. Á frente, os cavalleiros, sopeando os animais nervosos que escarvam a terra impacientes; levam a tiracollo os arcabuzes, ás costas o sacco de roupas, á cintura o cantil, o polvarinheiro, facas e garruchas. Atraz vêm os negros semi-nús, trazendo apenas os calções brancos e alvos, conduzindo á cabeça os caixotes e a bagagem miuda, saccos de sal, barrisinhos de alcool. Os homens dão os ultimos retoques na roupa e nos armamentos. A machina os passa em revista, em panorama. Mistura-se, depois pela multidão que os rodeia; olham todos, curiosos, os preparativos da partida. Um guapó rapaz beija uma rapariga, e monta depois a cavallo. Uma matrona enxuga os olhos. Outra tem no collo um garoto, que ella levanta para que possa ver bem. Pretas e mucamas andam daqui para ali. Algumas moças dão aos bandeirantes quinquilharias, figas, amuletos, pés de coelhos, folhas, flores. A machina dirige-se para a frente da bandeira, onde está D. Luiz, tendo ao seu lado seu capitão, e do outro o porta-bandeira, que segura a flammula da expedição.

Quadro 184 P.i. D. Luiz, á frente, lança um ultimo olhar á extensa fila de homens. Faz um signal com a mão. Os tambores, á sua frente, rufam.

Quadro 185 1°p. Tambores tocando. Dão tres toques alternados.

Quadro 186 1°p. A bandeira da expedição tremulando ao vento.

Quadro 187 1°p. Tambores tocando. Repetem outros tres toques alternados.

Quadro 188 P.i. D. Luiz faz com o braço o signal de partida. Elle e o grupo deanteiro iniciam a marcha. A multidão vibra, agita lenços, homens atiram para o ar chapéos as moças fazem gestos de adeus, lançam beijos com as mãos.

Quadro 189 P.i. D. Ruy cambaleia no seu cavallo. Leva a mão á ilharga, num gesto de dôr. Endireita o gibão, para não magoar onde fôra ferido por D. Fernando, apruma-se como póde sobre o animal, e marcha com os outros.

Quadro 190 P.i. A extensa fila marcha, entre os applausos do povo. Passam os cavalleiros, seguem-se-lhes os negros, levantando uma nuvem de pó.

Quadro 191 P.i. Balcão cheio de flores, repleto de

moças. A bandeira, marcial, desfila em baixo. As moças jogam-lhes flores.

Quadro 192 P.i. A bandeira transpõe as ultimas casas, começa a penetrar nos campos.

SCENA 20 Interior da casa dos Snrs. de Barros

Quadro 193 M.b. No interior da residencia dos Snrs. de Barros. D. Maria, de costas, encostada á janella, contempla a bandeira que desfila lenta, ao longe, qual uma grande serpente que se enroscasse pelos dorsos das collinas, ou pelos talhos dos valles ensombrados.

Quadro 194 1°p. D. Maria, de frente, encostada á janella. Tem lagrimas nos olhos, e olhos fitos no horizonte.

Quadro 195 M.b. Interior. D. Maria de costas. A bandeira continua ao longe o seu lento desfilar. D. Maria a contempla, silenciosa. Pende depois a cabeça, pensativa.

Fusão

SCENA 21 Margem do rio

Quadro 196 P.i. Margem do rio. D. Fernando, de

pé, espera a canôa que se aproxima, com Pedro e João nos remos. Sentado perto do moço, Imbú, com os olhos fitos no barco que chega. A canôa abica. D. Fernando e o negro saltam para dentro della. Pedro e João impulsionam com vigor os remos. O moço, com saudade, fixa o olhar no logar que acaba de deixar. A canôa affasta-se.

Fusão

SCENA 22 Sobreposição

Quadro 197	1°p.	Ampulheta. Corre o tempo. O fio de areia cae lentamente. A ampulheta apparece, até o correr de alguns quadros. Desapparece lentamente, e torna lentamente a apparecer, no fim das sobreposições, para depois definitivamente desapparecer com a ultima fusao, na scena da canôa.
Quadro 198	L.d.	A bandeira desfila, como uma serpente, ao longe. Interna-se na floresta.
Quadro 199	1°p.	Botas cambas, gastas e rotas que caminham esmagando as hervas. Fusão rapida.

Quadro 200 1°p. As mesmas botas, atravessando o lodo sujo de um pantano, onde se enterram até os joelhos, caminhando penosamente.

Quadro 201 1°p. Dois homens de costas, empunhando facões que rebrilham. Abrem, em golpes vigorosos, o matto denso e fechado, abrindo a picada.

Quadro 202 M.b. Um grupo de homens que caminha sobranceiro. Rostos suados, peitos para a frente, expressões energicas.

Quadro 203 1°p. Uma cobra que se enrosca num tronco. Subito, arma o golpe mortal.

Quadro 204 1°p. Botas que caminham esmagamdo hervas, de mistura com os pés descalços dos negros.

Quadro 205 1°p. Uma grnade onça negra, de olhos faiscantes, prestes a pular.

Quadro 206 1°p. Botas e pés descalços que caminham.

Quadro 207 M.b. O grupo de homens que caminha, rostos suados, peitos para a frente. Uma flecha attinge o primeiro no peito. O homem cae. Os outros, tiram os bacamartes de tiracollo. Cáem outras flechas.

Quadro 208 1°p.	Botas e pés marchando.
Quadro 209 M.b.	Busto e rosto de D. Luiz, marchando. Rosto severo, expressão de animo inquebrantavel.
Quadro 210 1°p.	Uma grande bocca sequiosa. Um cantil se lhe approxima. A bocca sorve a agua em grandes góles.
Quadro 211 P.i.	Um homem que cabaleia e cáe. Outro ajuda-o a erguer-se. Continuam a marcha.
Quadro 212 P.i.	Um homem deitado que agonisa. Um sacerdote, de botas como qualquer outro, o assiste. Ao fundo, marcham os outros. O padre tira do gibão um crucifixo. O agonisante fecha os olhos. O padre faz o signal da cruz.
Quadro 213 1°p.	Botas e pés descalços marchando. Fusão

SCENA 23 Rio - Sobreposição

Quadro 214 M.b. D. Fernando de frente, sentado á pôpa da canôa. João e Pedro, de costas, remam devagar.

Quadro 215 1°p. Remos tocando pausadamente a flor d'agua.

Quadro 216 P.i. Canôa atravessando um trecho de rio illuminado pelo sol.
Fusão rapida.

Quadro 217 P.i. Canõa atravessando um trecho de rio cheio de sombra, em que as arvores quasi tocam, com seus galhos, a superficie da agua.

Quadro 218 M.b. D. Fernando de frente, á pôpa. O moço tira do gibão um lencinho de rendas. Leva-o aos labios. Beija-o com fervor. João e Pedro, de costas, continuam remando.

Quadro 219 M.b. Imbú na prôa. O negro tem os olhos fitos no moço.
Fusão rapida.

SCENA 24 Margem de rio

Quadro 220 P.i. Trecho de margem de rio, na floresta. A canôa está abicada. João e Pedro acabam de descarregar os ultimos volumes.

D. Fernando e Imbú, em terra, os contemplam. D. Fernando vae até a canôa.

Quadro 221 M.b. D. Fernando, ao pé da canôa, curva um joelho, desamarra a canôa, impulsiona-a.

Quadro 222 P.i. O moço levanta-se. A canôa se affasta, carregada pela correntesa. O moço olha-a, volta-se para os seus companheiros, faz-lhes um signal. João Pedro e Imbú erguem os volumes, promptos para a marcha. D. Fernando olha em torno, faz com a mão um gesto para que o sigam e interna-se por uma picada.

Quadro 223 1°p. A ampulheta, que começa a apparecer de novo nesses ultimos quadros, continua a filtrar o seu fio de areia, que cáe devagar, devagar.

Fusão

SCENA 25 Acampamento da bandeira

Quadro 224 P.i. Numa grande lareira, a bandeira de D. Luiz fizera alto.
O acampamento tem a grande

actividade das grandes agglomerações. A machina, em panorama, passa pelos grupos: uns comem, outros bebem, outros andam á beira do rio peneirando cascalho, procurando ouro ou pedras. Á porta de sua tenda, sentado em um velho tronco, e tendo ao seu lado o seu capitão de matto, D. Luiz tem na mão, desenrolado, um maço de velhos pergaminhos.

Quadro 225 M.b. O capitão de matto aponta para os pergaminhos e fala ao moço:

48 - Já vae para mais de meio anno que afundamos por estas brenhas...

Quadro 226 M.b. O capitão de matto gira o olhar em torno. Volta-se para D. Luiz, e continúa, num gesto de desalento:

49 - E nenhum signal dos filões de ouro, das montanhas de esmeraldas, dos rios de diamantes de que falam esses velhos pergaminhos...

Quadro 227 M.b. D. Luiz fita o capitão. Suspira. Faz um gesto affirmativo com a cabeça. O capitão torna a falar:

50 - Os nossos homens morrem. A

bandeira se aniquilla. E quanto mais avançamos, mais reveses soffremos!

Quadro 228 M.b. D. Luiz de costas. O moço pousa a cabeça na mão, em attitude pensativa. O capitão interpella-o, ancioso:

51 - Que decidís, D. Luiz?

Quadro 229 M.b. O moço levanta-se. Olha fixamente um ponto distante, volta-se para o seu capitão de matto e responde, sonhador:

52 - Para a frente, sempre para a frente!

Quadro 230 P.i. O capitão faz um gesto de desanimo ante a obstinação do moço. Sacóde os hombros, affasta-se em direção ao rio. D. Luiz acompanha-o com a vista.

Fusão

SCENA 26 Acampamento de D. Fernando

Quadro 231 P.i. Imbú reune alguns gravetos, para com elles fazer fogo. D.Fernando está sentado perto do negro. Um pouco affastados, João e Pedro, com as cabeças apoiadas nas mãos, olham estupidamente para o que o negro está fazendo.

Quadro 232M.b. D. Fernando põe a mão sobre o hombro do negro, que se volta para elle. O moço fala:

53 - Este sertão é cada dia mais rude e mais aggressivo...

Quadro 233M.b. D. Fernando volta-se para a frente, volta a falar, meneando a cabeça:

54 - E não há nada que nos dê um indicio do roteiro!

Quadro 234M.b. Imbú interrompe o seu trabalho, e fala ao moço:

55 - Imbú nasceu aqui. Conhece tudo! Talvez, se lhe apparecer o logar, Imbú lhe traga diamantes!

Quadro 235P.i. Os quatro sentados. D. Fernando medita. Imbú, faz fogo esfregando um páu de encontro ao outro. Os gravetos se incendeiam, Imbú aviva o fogo. João faz um signal a Pedro, ambos levantam-se, espreguiçam-se bocejam, sacodem as pernas para desentorpecel-as. Pedro põe a mão na bocca, feito porta-voz, chama D. Fernando, que ergue a cabeça. Pedro lhe diz que vão andar um pouco, João reforça, fazendo com os braços gestos de quem está nadando. O moço lhes faz um gesto, assim de quem diz que podem ir até para o inferno; João e Pedro olham-se, sacódem os hombros e se affastam.

Fusão

SCENA 27 No rio

Quadro 236 P.i. Trecho de rio, junto á margem. João e Pedro estão na agua, nús, com o busto fora della.Esfregam-se as costas, jogam-se agua. Há, escondendo-os da margem, um grande renque de folhagem.

Quadro 237 1°p. Na copa de uma arvore, entre os ramos, um grupo de macacos pula de galho em galho.

Quadro 238 M.b. Na agua. João, com um graveto, limpa as unhas, vaidoso, mira-as de longe, torna a limpal-as. Passa as mãos na agua, espreguiça-se, vae até a margem.

Quadro 239 M.b. Na margem, João espanta-se por não encontrar o que ia buscar. Admira-se. Procura ancioso, olha, já assustado, para todos os lados,

e nada encontrando a inda,
volta-se para o amigo, sem saber
o que faça.

Quadro 240 P.i. João chama o companheiro, que acóde logo. João lhe brada, offegante:

56 - A roupa...

Quadro 241 M.b. Pedro, nada vendo na margem, leva a mão ao rosto, num esgar de espanto. João conclue:

57 - A roupa sumiu!...

Quadro 242 M.b. Os dois procuram ainda, até que João, desconfiado, olha para cima.

Quadro 243 1ºp. Macacos pulam entre os galhos das arvores.

Quadro 244 M.b. João levanta o punho fechado para os macacos, num gesto ameaçador, e elle, com Pedro, começam a sahir da agua, afflictos.

SCENA 28 Na matta

Quadro 245 M.b. Pedro e João, com o busto descoberto, e tendo o resto escondido pela folhagem, olham ao redor de si, procurando aqui e ali.

Quadro 246 M.b. Os dois, em outro logar, só com o busto descoberto ainda, examinam o que os cerca, até que João, fitando um ponto, faz um gesto de espanto, chamando o amigo e apontando para uma moita.

Quadro 247 1°p. Os dois pares de botas jogados entre a folhagem.

Quadro 248 M.b. Os dois amigos olham-se. Abaixam-se, desapparecendo na folhagem.

Quadro 249 1°p. Duas mãos que pegam, cada
 uma,estaca, desta vez surprehendido deveras, e que mostra a Pedro o que desta vez descobre:

Quadro 252 P.i. Uma formosa india está sentada entre a folhagem, numa pequena lareira cheia de flores, examinando curiosamente as peças de roupa de Pedro e João. Ella examina justamente uma peça intima de João, com manifesta curiosidade.

Quadro 253 M.b. Os dois amigos. João leva a mão á bocca, desapontado e envergonhado, e olha para o amigo como em busca de uma suggestão. Pedro faz-lhe, com o dedo no nariz, um gesto de silencio, e fala, ao ouvido do amigo:

58 - Temos que buscar o que é nosso, antes que aquella nhambiquara se suma com tudo!

Quadro 254M.b. João encara surpreso o amigo e, com um gesto, faz-lhe entender que está nú, respondendo:

59 - Com que roupa?...

Quadro 255M.b. Pedro retruca logo, sempre ao ouvido do amigo, dando-se ares de entendido:

60 - Ora, andam os indios por ahi, sem nada que lhes cubra a pelle horrivel que o demo lhes deu!

Quadro 256M.b. Ao que João cochicha, ao ouvido do outro:

61 - Mas como queres que eu me apresente assim deante de uma senhorita?

Quadro 257M.b. Pedro, impaciente já, responde

62 - Sabes lá se ella é casada?

Quadro 258M.b. João faz um ar feroz. E, como na taberna, dá um valente piparote no nariz de Pedro que, em represalia, brinda João com outro valente piparote na orelha. Mas, cahindo em si, e vendo que a india poderia descobril-os, abaixam-se rapidos, desapparecendo na folhagem.

Quadro 259P.i. A formosa india continúa a examinar, curiosa, as peças de roupa. De repente, larga tudo, e fica como que paralysada de terror, olhando um ponto.

Quadro 260P.i. Desse ponto surgem, embrulhados em folhagem da cabeça aos pés, os dois amigos. Fazem grandes mesuras, como se a india as entendesse, vão apanhando a sua roupa e, sempre em mesuras, affastam-se, e desaparecem na folhagem densa da matta, que se agita toda.

Quadro 261.M.b. India assustada, olha para a folhagem.

Quadro 262 1°p. A folhagem se agita.

Quadro 263M.b. A india continúa a olhar. De repente, faz novo gesto de espanto.

Quadro 264 P.i. Os dois amigos, muito mal vestidos, sáem de dentro da folhagem. Avançam com passo militar e cadenciado, param a dois metros da india, tiram os chapéos, cumprimentam, e passam a explicar, por meio de gestos, o que se passára com elles. Tentam cada um explicar melhor do que o outro, e mais impacientes ainda porque a india denota nada comprehender de todos os gestos, começam a empurrar-se.

Quadro 265 1°p. A folhagem fechada. Os ramos abrem-se. Apparece o rosto de Imbú, que examina em volta de si, até que o seu olhar se concentra na scena que se passa:

Quadro 266 P.i. Pedro e João olham-se, furiosos. João dá novo valente piparote no nariz do amigo, que em retribuição tambem o mimoseia com outro, mais valente ainda, na orelha.

Quadro 267 M.b. Imbú na folhagem, de frente. O negro avança.

Quadro 268 P.i. O negro, visto de costas, avança pela scena. Passando entre os dois amigos, separando-os e, sempre impassivel, pára deante da india. Esta levanta-se, como que dominada pelo olhar do negro, enquanto os dois amigos olham tudo, admirados.

Quadro 269 M.b. (a india de costas, Imbú de frente) Imbú, com as duas mãos, tapa primeiro os olhos, depois os ouvidos, depois a bocca. Abaixa as mãos, e murmura uma palavra.

Quadro 270 M.b. (Imbú de costas, a india de frente) A india tem uma expressão de espanto. Leva a mão ao peito, vae ajoelhar-se, mas Imbú não o permitte.

Quadro 271 M.b. Pedro e João entreolham-se, num tregeito, como quem diz: "Vamos ver o que sae dahi!"

Quadro 272 M.b. Imbú interroga a india. Ella responde. O negro torna a falar.

Quadro 273 M.b. (os dois amigos) Pedro pergunta, ao ouvido do outro:

63 - Em que diabo de lingua falam elles?

Quadro 274 M.b. (os dois amigos) João responde:

64 - Sei lá! É lingua de bugre, que o

demo entenda!

Quadro 275P.i. (os quatro) Imbú pega na mão da india, volta-se para seus companheiros, e lhes diz, autoritario:

65 - Ella é da minha tribu. Vae commigo!

Quadro 276P.i. (os quatro) Pedro e João sacodem os hombros: aquillo lhes é indiferente. Imbú, tomando a india pelo braço, encaminha-se para o logar de onde viera. Os dois amigos os seguem, endireitando a roupa.

Fusão

SCENA 29 Acampamento de D. Fernando

Quadro 277P.i. D. Fernando, Imbú, a india, João e Pedro estão sentados, ao redor dos restos da fogueira apagada. A india está recostada no hombro de Imbú. D. Fernando tira do gibão o roteiro, que desdobra e examina. Olha para Imbú, e pergunta:

66 - Dizes que esta india viu um grupo de homens brancos?

Quadro 278 M.b. (D. Fernando, o negro e a india) Imbú estendo o braço numa direcção, apontando o horizonte, responde:

67 - Sim, na direcção do poente, a dois dias de marcha!

Quadro 279 M.b. (os tres) D. Fernando continúa a interrogar:

68 - E o que faz ella aqui?

Quadro 280 M.b. (os tres) Imbú fita a india, que o contempla.Volta-se para D. Fernando, e responde:

69 - Acompanhava seus irmãos que partiam para a guerra, mas perdeu-os de vista. Ia voltar, quando a encontramos.

Quadro 281 P.i. (os quatro) Pedro olha para João, este para Pedro, e fala:

70 - Nós, não! Fui eu que a encontrei!

Quadro 282 P.i. João olha indignado para o amigo. Exprime-lhe, num gesto, que fôra elle, João, que a encontrára. Pedro diz que não. João, faz um ar feroz, e lá vae um piparote ao nariz de Pedro, recebendo em troca o piparote na orelha. D. Fernando lhes impõe silencio. Os dois ficam quiestos.

Quadro 283 M.b. (D. Fernando, Imbú e a india) O moço, apprehensivo, interroga ainda:

71 - Seus irmãos partiam para a guerra... Em que direcção?

Quadro 284 M.b. (os tres) Imbú, agora mais lento e mais grave, repete o gesto que já fizera, e aponta o horizonte:

72 - Na direção do poente...

Quadro 285 P.i. (todos) D. Fernando levanta-se, mede a altura do sol. Fala ao negro:

73 - Imbú, nós tambem vamos para lá!

Quadro 286 P.i. O negro levanta-se, olha o moço.

Quadro 287 M.b. (D. Fernando e Imbú) O negro pergunta:

74 - Que tenciona fazer?

Quadro 288 M.b. (os dois) O moço medita um instante, e pergunta:

75 - Não sei. Dizes que para lá há ouro e pedras?

Quadro 289 M.b. (os dois) Imbú faz um gesto affirmativo. D. Fernando continua:

76 - Então vamos: para a fortuna...

Quadro 290 M.b. (os dois) O moço fita o negro impassivel, e conclúe:

77 - ... ou para a morte!

Quadro 291 M.b. D. Fernando e o negro olham-se, fixamente.
Fusão

SCENA 30 Acampamento de D. Luiz

Quadro 292 P.i. No acampamento de D. Luiz, á margem do rio, há o mesmo movimento de sempre. D. Luiz, sentado sobre um tronco, corre os olhos pela animação da bandeira.

Quadro 293 P.i. O capitão de matto approxima-se, tendo na mão uma peneira de pesquizar ouro, onde nada uma areia fina e brilhante.

Quadro 294 M.b. Junto ao chefe, o capitão mostra-lhe contente a peneira. D. Luiz examina com cuidado, enquanto o capitão fala:

78 - A areia que procuramos, a areia que revela o ouro!

Quadro 295 M.b. D. Luiz levanta a cabeça para o capitão e commenta, consternado:

79 - Mas é só areia!...

Quadro 296 M.b. O capitão mostra com a mão a areia, e lhe diz:

80 - Talvez orientando melhor as pesquizas...

Quadro 297 M.b. O moço interrompe o capitão com um gesto de incredulidade. Com a mão, manda-lhe que se affaste.

Quadro 298 P.i. O capitão se affasta, dando de hombros. No outro lado da lareira, assoma um grupo de homens conduzindo dois indios prisioneiros que não escondem o assombro que os domina. Dois dos homens trazem os prisioneiros para a frente de D. Luiz, fazendo-os ajoelhar deante delle. Depois, levantam-lhes brutalmente as cabeças.

Quadro 299 M.b. Os bandeirantes, com uma mão, mantêm erguidas as cabeças dos indios, emquanto com a outra mostram a D. Luiz os collares e braceletes de formas grosseiras onde, aqui e ali, uma pedra despede um fulgor extranho.

Quadro 300 P.i. Um dos homens fala, apontando os collares:

81 - Ouro... e esmeraldas!

Quadro 301 P.i. D. Luiz examina os indios, chama dois homens e lhes faz um signal significativo. Os homens partem.

Quadro 302 M.b. D. Ruy, encostado a uma arvore, contempla a scena. Estampa-se-lhe, no rosto, toda a cobiça que o inunda.

Quadro 303 P.i. Os dois indios, curvados, tudo observam, desconfiados. Os dois homens voltam, trazendo sal, contas e quinquilharias. D. Luiz ordena-lhes que entreguem aquillo aos indios. Os homens depositam parte do que trazem aos pés dos indios.

Quadro 304 1°p. As mãos dos homens, depositando os presentes aos pés dos indios.

Quadro 305 P.i. D. Luiz approxima-se dos indios, aponta para os collares, diz-lhes:

82 - Se me disserem onde encontraram isso, dar-lhes-hei muito sal, muitos presentes bonitos!

Quadro 306 P.i. Os indios olham para D. Luiz, e respondem negativamente com a cabeça. D. Luiz ordena aos homens que dêm aos indios o resto dos presentes. Os homens cumprem a ordem.

Quadro 307 1ºp. Mãos depositando o resto dos presentes deante dos indios.

Quadro 308 P.i. Os indios olham os novos presentes, e repetem o gesto negativo.

Quadro 309 M.b. D. Luiz. O moço passeia, impaciente. Depois pára, chama um negro, dá-lhe uma ordem:

83 - Traga, num prato, um pouco de alcool!

Quadro 310 M.b. O negro parte. O moço continúa a passeiar, agitado.

Quadro 311 M.b. D. Ruy, encostado á arvore, continúa a observar a cena, curioso.

Quadro 312 M.b. O negro volta com um grande prato de estanho, onde boia o liquido.

Quadro 313 P.i. D. Luiz faz um gesto. Os seus homens levantam os indios. O negro approxima delles o prato de alcool. D. Luiz tira do gibão o seu isqueiro de pedra, olha para os indios, e lhes fala, com ar imperativo:

84 - Se não me disserem onde encontraram essas pedras e esse metal amarello...

Quadro 314M.b. (D. Luiz, o negro e os indios) O negro levanta o prato á altura do rosto dos indios, que contemplam tudo sem nada entender. D. Luiz levanta as mãos á altura do prato, prompto para bater a escorva do isqueiro, e conclúe:

85 - ... mandarei incendiar todas as fontes e todos os rios, como vou incendiar esta agua, e todos os homens morrerão de sêde!

Quadro 315M.b. Os indios fazem um esgar de espanto. D. Luiz bate o isqueiro.

Quadro 316 1ºp. A mão do moço bate o isqueiro. O alcool começa a arder.

Quadro 317M.b. O alcool arde. Os indios olham-n'o apavorados.

Quadro 318P.i. Os indios, tendo na face o assombro e o medo que a ameaça lhes causa, caem de bruços, estatelados, immoveis. Erguem depois o busto, levantam as mãos para o céo, e bradam:

86 - O diabo de fogo, o diabo de

fogo!

Quadro 319 P.i. Os indios cáem de novo, de bruços. D. Luiz enfada-se. Faz um signal a seus homens, dizendo-lhes:

87 - Deixae-os ir, que nada falarão agora. Não os sigam, que elles voltarão para contar tudo!

Quadro 320 P.i. Os homens levantam os indios, e os conduzem para a orla da matta.

Quadro 321 M.b. D. Ruy, encostado á arvore, medita. Depois, sorri sinistramente.

Fusão

SCENA 31 Acampamento de D. Fernando

Quadro 322 P.i. Noite, no acampamento de D. Fernando. Estão todos sentados em volta da fogueira e comem, segurando com a mão, pedaços de carne assada.

Quadro 323 M.b. Pedro e João. Comem cada um o seu pedaço, quando Pedro fala, com ar aborrecido:

88 - Já estou farto de tanta carne! Se, pelo menos, houvesse por ahi um

viradinho de feijão com torresmo, iria buscal-o mesmo que fosse á taba do nhambiquara mais feio da terra!

Quadro 324 M.b. João olha o amigo e, com ar resignado responde:

89 - Pois eu não me queixo. Antes isso, do que comerem-me a mim todo viradinho, com os torresmos que tú lhes deres!

Quadro 325 M.b. Pedro faz um gesto de nojo. Larga com repugnancia o seu pedaço de carne, de que João se apossa, continuando a comer nos dois pedaços.

Quadro 326 M.b. Panorama: A machina apanha Imbú e a india. A india come, encostada em Imbú, que lhe lança um olhar carinhoso. A seguir a machina pára em D. Fernando. O moço nada come. Fita o negro, e pergunta:

90 - Dizes que amanhã encontraremos os homens brancos?

Quadro 327 M.b. O negro faz um gesto affirmativo. O moço medita: a cabeça entre as mãos, fita silenciosamente a fogueira, onde as chamas crepitam, em curvas caprichosas.

Quadro 328P.i. (todos) Acabam de comer. Pedro e João espreguiçam-se, bocejam. Deitam-se depois para um lado, cobrindo-se com as capas; cada um pucha para si a capa do outro, até que afinal, com as capas completamente embaralhadas, e firmando o braço como travesseiro, adormecem. Imbú levanta a india nos braços, com carinho, deita-a em uma cama de folhas. Vae até onde estão Pedro e João, tira-lhes as capas, cobrindo com ellas a india. Volta depois, e senta junto de D. Fernando que, sempre pensativo, olha a fogueira.

Quadro 329M.b. O moço medita. O negro não interrompe o seu silencio. O moço tira do gibão o lencinho de rendas, olha-o enlevado, com amor, e o leva aos labios.

Quadro 330 1°p. O moço leva o lencinho aos labios e o beija com profunda emoção.

Quadro 331M.b. Imbú, com a impassibilidade de

sua raça, fita a fogueira. O moço, conservando numa das mãos o lencinho, volta-se para o negro e pergunta, melancolico:

91 - Imbú, o que é o amor?

Quadro 332 1°p. O negro volta-se para o rapaz, e repete, como não entendendo bem:

92 - O amor?

Quadro 333 M.b. O moço diz que sim. Imbú medita um instante e responde, olhos vagos, como falando consigo mesmo:

93 - É a folha que canta ao vento...

Quadro 334 1°p. Pausa. Imbú continúa, o olhar sempre vago:

94 - A onda que beija a praia...

Quadro 335 1°p. Pausa. Imbú continúa:

95 - ... a estrella que brilha no escuro do céo...

Quadro 336 1°p. Pausa. O negro prossegue:

96 - ... uma mulher...

Quadro 337 1°p. Pausa. O negro conclúe:

97 - ... e um beijo que canta nos labios da gente!

Quadro 338 M.b. Imbú cala-se, e continúa na sua

anterior impassibilidade. O moço inclina a cabeça.

Quadro 339 1°p. Lencinho na mão de D. Fernando.

Quadro 340 M.b. O moço continúa de cabeça baixa. O negro, sempre impassivel, continúa a olhar as chammas.

Quadro 341 M.b. A machina, em panorama, vae até onde estão João e Pedro. O gato de João sáe fóra de sua cesta, espreguiçando-se, eriçado, olha para a machina, que se approxima delle, mostrando, em primeiro plano, o seu olhar frio de felino.
O quadro seguinte vae apparecendo em sobreposição sobre o olhar do felino, que desapparece no inicio da scena.

SCENA 32 Acampamento da bandeira

Quadro 342 M.b. D. Ruy e o seu mestiço, um pouco affastados da fogueira. D. Ruy lança um olhar em redor de si.

Quadro 343 P.i. Noite, no acampamento da bandeira, os homens dormem no chão, embrulhados em suas mantas. Ao fundo, o vigia.

Quadro 344 M.b. D. Ruy pucha o braço do mestiço, e lhe fala quase ao ouvido:

98 - Vae até a tua tribu. Diz ao velho pagé que o chefe branco, quando o sol despontar, incendiará todos os rios e todas as fontes.

Quadro 345 M.b. O mestiço olha para D. Ruy, com um riso escarninho. O aventureiro continúa:

99 - Dize-lhes que os seus guerreiros deverão desenvolver o plano que vaes levar. Eu lhes prometto, em troca, todos os viveres e armas.

Quadro 346 M.b. D. Ruy lança o olhar receioso em torno, e prosegue:

100 - Eu me encontrarei, á tarde, com o velho pagé, na taba do conselho!

Quadro 347 M.b. O mestiço faz um gesto affirmativo. D. Ruy conclúe:

101 - Voltarás pela manhã, com uma pepita de ouro para mim!

Quadro 348 P.i. O mestiço faz o signal de ter entendido, e desapparece na sombra. D. Ruy olha o acampamento e sorri perversamente.

SCENA 33 Trecho da matta

Quadro 349 L.d. Manhã. O sol desponta no horizonte.

Quadro 350 P.i. O mestiço se approxima. Caminha a passos largos, affastando os ramos.

Quadro 351 P.i. Encostado á uma arvore, D. Ruy espera. O mestiço apparece, encaminhando-se para elle.

Quadro 352 M.b. O mestiço, deante de D. Ruy, olha em volta, tira da bolsa uma pepita de ouro, que entrega a D. Ruy. Este examina-a, guarda-a no gibão. Faz um gesto ao mestiço para que se retire, e dirige-se para o acampamento.

SCENA 34 Acampamento da bandeira

Quadro 353 P.i. No acampamento da bandeira. O aventureiro entra, atravessa-o, e vae até onde está D. Luiz.

Quadro 354 M.b. D. Ruy approxima-se de D. Luiz. Vem contente, enthusiasmado, como que vibrando ainda de um grande acontecimento. O aventureiro tira do gibão, com fingido nervosismo, a pepita que o mestiço lhe entregára, mostra-a a D. Luiz e lhe fala, com falsa alegria:

102 - Ouro... Encontrei ouro!...

Quadro 355 M.b. D. Luiz, surpreso, admira a pedra. Olha alegre para o aventureiro, perguntando ancioso:

103 - Onde?...

Quadro 356 M.b. D. Ruy, sempre sorridente, estende o braço para o horizonte:

104 - Na direção do poente...

Quadro 357 M.b. D. Luiz devolve a pepita ao aventureiro, que continúa, convincente:

105 - Dae-me os vossos melhores homens, D. Luiz, e ao pôr do sol trar-vos-hei uma fortuna!

Quadro 358 M.b. D. Luiz olha bem para D. Ruy e, fazendo um gesto affirmativo, responde:

106 - Escolhei os homens, D. Ruy, e partí! Deixae-me apenas o necessario para a defesa commum.

Quadro 359 M.b. D. Ruy agradece, e simulando grande alegria, aperta effusivamente a mão de D. Luiz, e affasta-se para o acampamento.

Quadro 360P.i. D. Ruy no meio do acampamento, concita os homens para a partida. Dá ordens e trata de reunir os homens, auxiliado pelo capitão de matto.

Fusão rapida.

Quadro 361P.i. Os homens da bandeira, em ordem de marcha, aguardam impacientes o signal da partida.

Fusão rapida.

Quadro 362P.i. Os homens, tendo á frente D. Ruy e o capitão de matto, iniciam a marcha.

Fusão rapida

SCENA 35 Na lareira

Quadro 363P.i. Chegando a uma lareira, toda rodeada pela floresta escura, D. Ruy faz o signal de parada. Param, e D. Ruy examina os arredores, como procurando orientar-se. Diz aos seus homens que o esperem, avança sosinho, cauteloso, até a orla da floresta, e pára, antes de entrar na matta.

Quadro 364M.b. D. Ruy, na orla da matta, olha ainda uma vez para os seus homens, tendo nos labios um sorriso sinistro.

Quadro 365P.i. Os homens, parados, esperam D. Ruy, agrupados em quadrado (vistos de onde está D. Ruy).

Quadro 366M.b. D. Ruy avança alguns passos pela matta. Leva a mão a bocca, e assobia tres vezes.

Quadro 367P.i. Os homens em quadrado. Subito, chovem das arvores centenas de flechas, que os crivam, arrasando-os impiedosamente. Tal é a surpresa e o espanto que os bandeirantes mal têm tempo de usar as suas armas: caem, um a um, dizimados pelas flechas.

Quadro 368M.b. D. Ruy, na matta, contempla a sua obra, sorridente. Depois, sempre com seu sarcastico sorriso, volta-se, e embrenha-se pela selva.

Fusão

SCENA 36 Trecho de floresta

Quadro 369P.i. D. Fernando, Imbú, a india, João e Pedro, marcham através da floresta. Imbú vem carregando a india ao collo, com grande odio de João e Pedro, que assim se vêm obrigados a carregar sosinhos todos os fardos.

Quadro 370P.i. Numa elevação, distingue-se ao longe o acampamento de D. Luiz. O grupo pára, ao attingir a elevação. D. Fernando aponta para o acampamento. Imbú desce a india ao chão, e a seguir, descem a encosta, encaminhando-se para o acampamento da bandeira.

SCENA 37 Acampamento da bandeira

Quadro 371P.i. No acampamento de D. Luiz. Restam-lhe apenas tres homens, que passeiam pelo acampamento, com o arcabuz na mão, em sentinella. Á orla da matta apparece o grupo de D. Fernando. Os bandeirantes, surpresos, encaminham-se para o grupo, para reconhecel-o. D. Luiz, sahindo de sua tenda, e vendo os visitante, estaca.

O grupo de D. Fernando, ladeado pelos bandeirantes, se approxima. D. Luiz, resoluto, vae ao seu encontro.

SCENA 38 Acampamento da bandeira

Quadro 372 P.i. D. Fernando e D. Luiz encontram-se, e, quando se reconhecem, olham-se com rancor.

Quadro 373 M.b. Os dois moços se encaram. D. Luiz o interpella:

107 - Vós, D. Fernando! Viestes ajustar velhas contas,com certeza?

Quadro 374 M.b. D. Fernando inclina-se, num cumprimento ironico, e responde:

108 - Como quizerdes, D. Luiz!

Quadro 375 P.i. Os homens os rodeiam, admirados. Á direita, ficam os tres homens da bandeira; á esquerda, João, Pedro, Imbú e a india. Os moços desembainham as espadas.

Quadro 376 M.b. Panorama: a machina apanha os bandeirantes. Passa os tres, um a um, mostrando-lhes as caras patibulares e carrancudas.

Quadro 377 M.b. Panorama, pelo grupo de D. Fernando: primeiro a india, encostada ao negro, Imbú, sempre impassivel, e João e Pedro, que fazem caras de nojo, ao encarar os bandeirantes.

Quadro 378 M.b. D. Fernando e D. Luiz cumprimentam-se com as espadas. D. Fernando, a sorrir, avisa ao seu adversario:

109 - Por D. Maria, D. Luiz! Continuemos a palestra interrompida no Largo da Matriz!

Quadro 379 M.b. Os ferros se cruzam. Succedem-se os golpes. Revela cada um maior destreza, equivalendo-se em força.

Quadro 380 1°p. Os aços cruzando-se, rapidos.

Quadro 381 M.b. Os moços continuam a esgrimir.

Quadro 382 P.i. O duello continúa. Na orla da matta, cambaleante, apparece o capitão de matto, correndo tropegamente. Vae até o scenario da luta, e cae aos pés dos esgrimistas. Estes suspendem o combate.

Quadro 383 P.i. D. Luiz deixa a sua espada e ajoelha-se junto ao capitão de matto. Os outros rodeiam-n'os.

Quadro 384 M.b. D. Luiz e o seu capitão. Este abre os olhos, ve o moço, e lhe fala, tendo na mente o horror que o domina:

110 - Traição... Todos mortos!

Quadro 385 M.b. O moço franze a testa. Indaga, com a colera estampada na face:

111 - Traição? E de quem?...

Quadro 386 M.b. O capitão, arquejante, fala com difficuldade:

112 - D. Ruy... Armou-nos uma emboscada... os indios...

Quadro 387 M.b. D. Luiz ampara o seu capitão, que mal pode terminar:

113 - Acautelae-vos... elles não tardam!

Quadro 388 M.b. O capitão olha ainda para o seu chefe. Fecha os olhos, e a sua cabeça pende para o lado: está morto. D. Luiz contempla-o, pesaroso, e ergue-se, com ar sombrio.

Quadro 389 P.i. D. Luiz, vendo D. Fernando, torna a pegar a sua espada, para continuar o combate. D. Fernando, porém, impede-lhe com elegancia o gesto.

Quadro 390 M.b. D. Fernando fala a D. Luiz:

114 - Sois chefe da bandeira, e uma vez que propuzestes fazer parte della...

Quadro 391 M.b. O moço encara D. Fernando, que continúa:

115 - Acceitae o meu auxilio e o dos meus homens na defesa do acampamento. E que D. Maria nos guie no que vamos fazer!

Quadro 392 M.b. D. Luiz, reconhecido ante a nobresa do moço, estende-lhe a mão, que D. Fernando aperta.

Quadro 393 P.i. D. Luiz olha os seus homens. Dá ordens. E, rapidamente, organisam todos, no centro da lareira, uma barricada em quadrado, valendo-se para isso de todos os fardos que têm á mão. Prompta a barricada, collocam dentro della as armas e os polvarinheiros. Ao capitão de matto, levam-n'o para a tenda de D. Luiz, que fica fóra do entrincheiramento. Tudo prompto, collocam-se dentro da barricada; a india aninha-se dentro de uma caixa, perto de Imbú. Um dos homens vem voltando da tenda de D. Luiz.

Quadro 394 1°p. Um grande indio assoma em primeiro plano (de baixo para cima). Distende o arco, arremessa a flecha.

Quadro 395 1°p. Mãos vigorosas, negras e grossas, segurando os arcos, e despedindo as flechas.

Quadro 396 P.i. As flechas cáem na barricada. O homem que vinha da tenda de D. Luiz, cáe, attingido. Os arcabuzes disparam.

Quadro 397 1°p. Um rosto convulso de indio, assoprando a inubia.

Quadro 391 1°p. Mãos negras agitando freneticamente os maracás.

Quadro 392 1°p. Inubia tocando.

Quadro 393 1°p. Maracás.

Quadro 394 P.i. As flechas cáem, numerosas, na barricada. Os arcabuzes disparam.

Quadro 395 M.b. Dentro da barricada, os dois homens restantes de D. Luiz já estão cahidos. A india, de dentro de sua caixa, sorri para Imbú que, com o arcabuz em punho, dispara. João, attingido por uma flecha nas costas, cambaleia e cáe. Pedro rosna uma praga.

Quadro 396 P.i. As flechas cáem, sempre numerosas. Subito, os indios suspendem o ataque: não cáe mais nenhuma flecha. Tudo em volta se conserva immovel.

Quadro 397 M.b. Dentro da barricada. Imbú, vendo parar o ataque, levanta a cabeça cautelosamente, até a altura dos olhos, examina os arredores, abaixa-se novamente, e faz um gesto para que cessem o fogo. D. Luiz e D. Fernando olham para elle, admirados. Imbú repete o gesto, e explica:

Quadro 398 116 - Não vale a pena atirar mais... Conheço a guerra de minha tribu: elles sabem que estamos fracos e querem aprisionar-nos, poupando os seus guerreiros.

Quadro 399 M.b. Os dois moços, com ar sombrio, têm os olhos fixos em Imbú, que continúa sempre impassivel:

117 - Podemos descançar agora: elles somente atacarão á noite, de surpresa, para aprisionar-nos. A resistencia será inutil. É preferivel que nos entreguemos.

Quadro 400M.b. Os moços esboçam um gesto de protesto. Imbú insiste, fazendo que sim, lentamente, com a cabeça. Os moços ficam como que aniquillados.

Quadro 401M.b. João agonisa. Pedro o assiste com solicitude, sem saber o que faça para soccorrer o amigo. João abre os olhos sorri e, docemente, dá um leve piparote no nariz de Pedro, que sorri tambem, contristado. João fala, com difficuldade, ao amigo:

118 - A mim é que não comem, viradinho com torresmo...

Quadro 402M.b. Pedro sorri. Tambem docemente, dá um leve piparote na orelha de João. Este tira do gibão uma moeda, rodeia-a entre os dedos , e ainda fala:

119 - Toma lá os dois escudos que eu te devo...

Quadro 403 M.b. João entrega a moeda ao amigo. Depois, num esforço, colloca o gato perto delle, e pede, quase desfallecido:

120 - Toma conta de "Napoleão"! Cuida delle como se fosse de · mim!...

Quadro 404 M.b. Pedro toma o gato, acaricia-o. João sorri, e fecha para sempre os olhos. Pedro, tendo num braço o gato, com a outra mão, como num preito de saudade, fica mechendo na orelha de João.

Fusão

Quadro 405 P.i. Noite. Dentro da barricada. A escuridão mal permitte distinguir os vultos. Subito, uma porção de figuras negras salta dentro da barricada. Confusão. Luta.

Fusão

Scena 39 Na Taba

Quadro 412 M.b. À luz das fogueiras, está o grande conselho reunido. D. Ruy, com um riso escarninho, cinco velhos chefes índios, de phisionomias graves, Imbu, a índia; e, amarrados fortemente com cipós, D. Luiz e D. Fernando. Um dos chefes, voltando-se para Imbu, pergunta-lhe, magestoso:

121- Quem es tu, homem que falas a nossa lingua, e que tens a pelle da nossa cor?

Quadro 413 M.b. Imbu, com as duas mãos, repete o signal que fizera à índia, tapando primeiro os olhos, depois os ouvidos, depois a bocca. Terminada a extranha apresentação, o negro responde:

122- Sou Imbu, o Caçador de Diamantes, filho do Jaguar, o mais valente da tribu!

Quadro 414M.b. Movimento de espanto entre os chefes. D. Ruy franze o sobrolho. Imbu espera passar a agitação. O velho chefe torna a falar:

123 - Reconhecemos-te, Imbu, o Caçador de Diamantes, filho do Jaguar! Mas queremos que nos proves que o espírito dos brancos não te escureceu a mente!

Quadro 415M.b. Imbu continua impassível. Os dois moços acompanham, anciosamente, o desenrolar da scena. O velho chefe continua:

124 - Tu julgaras os brancos. Pela tua

sentença avaliaremos a tua fidelidade ao nosso sangue!

Quadro 416M.B. Imbu faz um gesto afirmativo. Lentamente, olha os circunstantes, volta-se para os velhos chefes, e responde:

125 - Eu, Imbu, o Caçador de Diamantes, filho do Jaguar, condemno os homens brancos á morte!

Quadro 417M.b. Movimento de approvação entre os chefes. Os moços têm um gesto de espanto e indignação, pela traição do negro. Imbu espera que passe o movimento que a sua phrase provocara. Aponta para D. Ruy, e continúa, sempre com a mesma indifferença:

126 - Aquelle traiu hoje os brancos. Amanhã, nos trairá tambem. Exijo que tambem seja condemnado!

Quadro 412M.b D. Ruy apavora-se. Quer sahir, mas duas grossas mãos o mantêm quieto no logar. Os velhos chefes parecem hesitar. Consultam-se entre si. Afinal, o mais velho faz que sim, com a cabeça. Imbú conclúe:

127 - O traidor morrerá agora. Os outros dois são chefes: morrerão no Cume Sagrado, ao romper do sol!

Quadro 413 M.b. Os chefes approvam, impassiveis. Quatro mãos agarram violentamente D. Ruy. Outras agarram D. Fernando e D. Luiz.

Quadro 414 1°p. O gato de Pedro entra no circulo do conselho.

Quadro 415 M.b. D. Fernando olha o animal, comprehende. Faz um esforço para libertar-se, mas as mãos o agarram e o levantam, junto com D. Luiz.

Quadro 416 M.b. D. Fernando e D. Luiz cruzam com Imbú e a india. Param. D. Fernando, com odio, fala ao indio:

128 - Negro ordinario!

Quadro 417 M.b. Imbú sorri. As mãos affastam os dois moços, brutalmente. Imbú enlaça a india e continúa a caminhar.

Quadro 418 M.b. Imbú e a india entram para dentro da taba.

Quadro 419 M.b. D. Ruy, á luz livida dos archotes, está amarrado no poste de supplicio. Tem, na face, uma expressão de pavor e desespero. Olha para a frente, e seus olhos se arregalam apavorados.

Quadro 420 1°p. Mas segurando os arcos. As flechas partem.

Quadro 421 1°p. As pernas de D. Ruy relaxam-se, como se o corpo fosse attingido.

Fusão

SCENA 40 No Cume Sagrado

Quadro 422 P.i. Manhã. Ao pé do Cume Sagrado. Os cinco velhos chefes, Imbú e a india. As mãos trazem D. Fernando e D. Luiz, desamarrados. As mãos dão, a seguir, um tremendo golpe na nuca dos moços, que cáem desaccordados. Imbú approxima-se delles, e com facilidade os levanta nos braços. O conselho abre alas. Imbú passa no meio delles carregando a sua carga, lento, magestoso, seguido pela india que o acompanha como um cão fiel. Imbú attinge a encosta, começa a subil-a com passo firme

Quadro 423 L.d. Encosta do cume, de perfil, Imbú sobe-a, com passo seguro, tendo os moços nos braços. A india o segue sempre.

Quadro 424 L.d. Encosta mais alta. Imbú continúa a subir. A india já não está mais com elle.

Quadro 425 L.d. O negro chega ao alto do cume. A sua figura destaca-se como a de um gigante. Imbú pára a beira do abysmo, olha o horizonte. Num esforço herculeo, levanta os dois corpos no ar, acima de sua cabeça.

Quadro 426 M.b. Os chefes do conselho, olhando para cima, assistem silenciosos á execução.

Quadro 427 L.d. Imbú, com os braços erguidos. Num gesto de gigante, arremessa os dois corpos no abysmo, que os recebe, fazendo-os estraçalhar-se nas suas fraguas. O negro, erecto como uma estatua, contempla o horizonte.

Quadro 428 M.b. Os chefes indios levantam os braços para o céo.

Quadro 429 L.d. Imbú volta-se, desce a encosta.

Quadro 430 L.d.	(mais proximo) O negro continua a descer.
Quadro 431 P.i.	Na encosta. Imbú desce. De repente, inesperadamente, dá um pulo para o lado, e desapparece numa pequena moita.
Quadro 432 P.i.	Dentro da abertura da moita. Imbú, num violento esforço, arrasta uma grande pedra, cobrindo com ella a passagem. Volta-se e, de pé, sereno, tranquillo, começa a andar pelo escuro corredor.

SCENA 41 Na gruta

Quadro 433 P.i.	A immensa gruta se revela em toda a sua aggressiva grandiosidade. A um canto, a india está ajoelhada junto a dois homens, cujos rostos ella esconde com o corpo. Do lado opposto surge Imbú que, caminhando com seu passo cadenciado, se dirige para a india, ajoelhando-se perto della.
Quadro 434 M.b.	D. Fernando, D. Luiz, a india e Imbú. Os moços, reanimando-se, passam a mão pela cabeça, como

querendo reunir as idéas. Soerguem-se, vêm, espantados, o negro ao lado delles, e olham curiosamente em torno, sem nada comprehender. O negro sorri. D. Fernando indaga, ancioso:

129 - Olá, filho do Jaguar, ainda não nos executaram?

Quadro 435 M.b. Imbú sorri, e responde, enigmatico:

130 - Sim! Acabo de atiral-os do alto do Cume Sagrado!

Quadro 436 M.b. Os dois moços não escondem a sua surpresa. Apalpam-se, como para verificar se era verdade. Imbú sorri de novo, e explica:

131 - Quer dizer: fui á noite ao acampamento da bandeira, tirei de lá dois cadaveres, levei-os para a encosta, e atirei-os no abysmo, em vosso logar!

Quadro 437 M.b. Os dois moços contemplam admirados a nobre figura do negro. A india sorri. Os moços estem as mãos para o negro, que as pega; vae beijal-as, mas os moços o impedem, meneando a cabeça. Imbú lhes fala:

132 - Aqui estamos seguros. Tapei a

entrada, e ninguém conhece a gruta. Á noite, forçaremos a sahida.

Quadro 438 P.i. O negro levanta-se, fazendo um signal para que o acompanhem. Examina as anfractuosidades da gruta, cuidadosamente. Pára deante de uma pequena saliencia lisa, desenhada na pedra, volta-se para D. Fernando e fala:

133 - D. Fernando, o Caçador de Diamantes nunca esquece o seu benfeitor. Reservo-lhe ainda outra surpresa maior!

Quadro 439 M.b. D. Luiz os contempla, silencioso, um pouco affastado. O negro pousa o dedo na saliencia, desloca-a com cuidado, retira-a, e mostrando o pequeno orificio a D. Fernando, continua:

134 - Enfiae a mão, D. Fernando, e tirae dahi o que puderdes!

Quadro 440 M.b. D. Fernando obedece: a sua mão volta cheia de diamantes que fulguram. O moço não esconde a surpresa, a alegria, a admiração. Imbú continúa sorrindo, e prosegue:

135 - Levae o que quizerdes! D. Maria vos espera!

Quadro 441 P.i. D. Luiz avança, mas Imbú o detem. O moço olha surpreso para o negro, que fala:

136 - O iminigo do meu bemfeitor é tambem meu inimigo! Poupei-vos, para que D. Fernando fizesse de vós o que entendesse.

Quadro 442 M.b. D. Luiz fita D. Fernando. Este, chamado assim á posição de juiz na sorte do outro, inttervem; D. Luiz fala ao moço:

137 - Fui derrotado em tudo. Só falta que vós me roubeis tambem D. Maria!

Quadro 443 M.b. D. Fernando fita tranquillamente D. Luiz, responde-lhe, sem odio:

138 - Voltaremos, se fôr possivel, para junto della. Ella decidirá!

Quadro 444 M.b. D. Luiz olha os seus dois interlocutores, volta-se iz vae até um canto, senta-se numa anfractuosidade, pousa a cabeça entre as mãos, aniquillado. A india, que se conservára affastada, vae até onde estão o negro e D. Fernando.

Quadro 446 M.b. A india fala qualquer coisa ao ouvido do negro.
Este sorri, volta-se para

D. Fernando, e explica:

139 - Ella diz que se D. Fernando gosta dessas pedras, que ella lhe dará uma muito grande que tem guardada perto daqui!

Quadro 447 M.b. O moço sorri, agradecido, para a india, que se recosta no hombro de Imbú.

Fusão

Quadro 448 P.i. Noite. No interior da gruta. O luar filtra-se por uma abertura do alto, illuminando fracamente a scena. D. Fernando e D. Luiz dormem. Imbú, que dormia tambem, desperta, e olha para o lado. Nada vendo perto de si, procura com o olhar, desperta os dois moços, que accordam e soerguem-se. Imbú lhes fala:

140 - Minha esposa não está mais aqui!

Quadro 449 M.b. Os moços olham em torno, somnolentos ainda. Imbú, porém, faz um gesto tranquillisador, concluindo:

141 - Talvez ella estaja á nossa espera na encosta. Saiamos. A noite nos favorecerá a fuga.

Quadro 450 P.i. Os tres levantam-se, encaminham-se para um canto da gruta, desapparecendo do quadro.

Quadro 451 M.b. A abobada da gruta fecha-se, não é mais do que uma passagem muito baixa. Os tres andam de rastros, com cuidado.

SCENA 42 Na encosta

Quadro 452 P.i. Os tres surgem por detraz de uma pedra. Imbú, á frente, examina os arredores. De rastros, cautelosos, os tres avançam.

Quadro 453 M.b. Os tres continuam na sua cautelosa avançada. Subito, Imbú pára. Uma expressão de angustia pinta-se-lhe no rosto. Os dois moços param tambem, olham:

Quadro 454 P.i. O corpo da india, cahido, ao pé da floresta, tendoi no coração, espetada, uma flecha. O luar, cahindo perpendicularmente, illumina-lhe as feições suaves.

Quadro 455 M.b. Os tres approximam-se, compungidos, e vão ajoelhar-se ao lado da india. Imbú fita-a com tristeza, tira-lhe com cuidado a flecha, e deixa cahir a cabeça, num desespero mudo. Imbú, vê, então, alguma coisa brilhar na mão da india. Imbú levanta essa mão.

Quadro 456 1ºp. A mão da india. Ella segura um grande diamante, que fulgura ao luar.

Quadro 457 M.b. O negro retira o diamante da mão della, entrega-o a D. Fernando, e fala:

142 - Era para vós, D. Fernando!

Quadro 458 M.b. O moço, compungido, pega o diamante. O negro examina ao redor de si, e vendo tudo immovel e tranquillo, pega-a na india, levanta-a nos braços. Os moços tambem se levantam.

Quadro 459 P.i. (de baixo para cima) Imbú, de pé, tem nos braços a india; os braços della caem, abandonados. O negro tem a cabeça erguida para o céo, immovel, como offerecendo a sua esposa aos deuses. Ao fundo, em silhueta, em pé, como dois guardas, um de cada lado, completando o quadro, tambem immoveis, os dois moços.

Quadro 460 P.i. (normal) Imbú caminha. Os dois moços o seguem.

Fusão.

SCENA 43 Na matta

Quadro 461 P.i. Num recanto da floresta, fracamente illuminado pelo luar. O negro e os dois moços estão de pé, contemplando uma pequena elevação, que mostra o logar onde a india fôra enterrada. Imbú levanta lentamente os braços para o céo, numa evocação silenciosa. Deixa-os cahir, depois, inertes. D. Fernando tira do gibão o grande diamante, e colloca-o sobre a tumba.

Quadro 462 1°p. A mão de D. Fernando colloca o diamente sobre a elevação. A pedra fulgura aos raios da lua.

Quadro 463 P.i. O negro, D. Luiz, D. Fernando, immoveis, cabeças pendidas, fitam a humilde sepultura.

Fusão.

SCENA 44 Á entrada da planicie

Quadro 464 1ºp. Manhã. Vê-se o sol despontar ao longe, por entre os galhos de uma arvore florida onde, aqui e ali, pipillam os passaros.

Quadro 465 P.i. D. Fernando e Imbú despertam, junto aos restos da fogueira apagada. Ao pé delles balouça, espetado em um páo fincado á terra, um panno branco. D. Fernando soergue-se, vê o pedaço de fazenda. O negro tambem o vê, retira-o do páo, e entrega-o ao moço. Este, admirado, lê a extranha missiva:

143 - "D. Fernando, escrevo com meu sangue. D. Luiz acceita todas as derrotas, dizei a D. Maria que me esqueça, e fazei-a feliz. Um bandeirante, como eu, pode ser vencido, aniquillado nunca. Parto, sosinho embora, sertão a dentro. E, se não vencer ainda, irei fazer companhia a meus bravos companheiros.
Adeus. D. Luiz."

Quadro 466 M.b. D. Fernando deixa cahir lentamente o braço. Vae levantar-se, ma so negro o sustêm, com essas palavras:

144 - Deixae-o ir, é um valente! Homens como elle, só a morte os derrota. E, neste sertão immenso, há de encontrar a tumba gloriosa dos homens da sua raça: a terra virgem e o manto azul do céo!

Quadro 467 M.b. D. Fernando inclina a cabeça, pensativo. O indio o fita, ainda a falar:

145 - Se a sorte vos favorecer, breve tornareis a ver D. Maria. Voltaes com as mãos cheias de diamantes, e o amor e a felicidade vos sorrirão para sempre!

Quadro 468 M.b. D. Fernando continua mudo. Imbú olha-o, volta-se depois para a frente.

Quadro 469 1°p. O rosto nobre do negro apparece em primeiro plano. Tem o olhar fito e vago. E, em sobreposição, a figura de Imbú, de pé, tendo nos braços a india. Á triste lembrança do seu amor destruido, o indio inclina a cabeça.

Fusão.

Quadro 470 L.d. Em silhueta, ao fundo, de costas, as figuras de D. Fernando e Imbú, marchando, marchando para o horizonte...

FIM

Agradecimentos

À família Capellaro que, além do roteiro, cedeu as fotografias reproduzidas nas páginas 9, 13, 15, 17, 20, 22, 26, 30, 33, 34, 50, 53 e 191

e

À Cinemateca Brasileira que cedeu as fotografias reproduzidas nas páginas 70, 73, 75, 77, 83, 87, 90, 96, 101, 103, 109, 115, 119, 125, 174 e 187.